Hermann Funk und Michael Koenig 지음 | 권영숙 옮김

Grammatik Lehren und Lernen
문법 가르치고 배우기

한국독일어교육학회 기획총서 ①

문법 가르치고 배우기

초판 1쇄 인쇄 2009년 11월 10일
초판 1쇄 발행 2009년 11월 15일

저자 Hermann Funk und Michael Koenig | **역자** 권영숙

발 행 인 김진수
발 행 처 **한국문화사**
등록번호 2-1276호(1991.11.9)
주　　소 서울시 성동구 구의로 3 두앤캔빌딩 502호
전　　화 02-464-7708
팩　　스 02-499-0846
홈페이지 www.hankookmunhwasa.co.kr
e-mail hkm77@korea.com

값 15,000원

ISBN 978-89-5726-435-5 94750
ISBN 978-89-5726-434-8 (세트)

이 도서의 국립중앙도서관 출판시도서목록(CIP)은 e-CIP 홈페이지 (http://www.nl.go.kr/cip.php)에서 이용하실 수 있습니다.
(CIP제어번호: CIP2009003515)

한국독일어교육학회 기획총서 ①

기획 · 편집 / 김한란

문법 가르치고 배우기

지음 Hermann Funk und
Michael Koenig
옮김 권 영 숙

한국문화사

Hermann Funk Michael Koenig

Grammatik lehren und lernen

Fernstudieneinheit 1

Fernstudienprojekt
zur Fort- und Weiterbildung
im Bereich Germanistik
und Deutsch als Fremdsprache

Teilbereich Deutsch als Fremdsprache

Kassel·München·Tübingen

LANGENSCHEIDT
Berlin · München · Wien · Zürich · New York

ISBN 3-468-49679-6

『한국독일어교육학회 기획총서 발간』에 붙여

한국독일어교육학회가 1995년 창립되어 실로 짧은 시간에 우리나라 독일어 교육계에서 매우 중요한 학회로서 위치를 굳힘과 동시에 국제적으로도 인정받을 수 있는 저력있는 학회로서 성장하고 있는 점은 여러 회원들의 꾸준한 노력의 결과이며 그 노고에 깊이 감사드린다. 외국어로서의 독일어 교육 현장에서는 급격한 변화가 일어나고 있으며 우리 학회도 이 시대의 변화에 적응하기 위하여 매년 국제학술심포지엄을 통해 국내외 학자와의 교류 및 국제학회와의 공동작업을 하고 있다. 또한 국내학술대회는 우리회원들의 연구 발표의 장이며 동시에 회원간의 활발한 학술 교류의 장으로 자리매김하고 있다. 아울러 우리학회가 발행하는 학회지 『외국어로서의 독일어 Deutsch als Fremdsprache in Korea』은 한국학술진흥재단 정식 '등재학술지'로서 매년 2회씩 발행되고 있다.

이러한 과정에서 독일어 교육 현장에는 실제 적용 가능한 교재, 교수학습 자료가 더욱 필요하게 되었고 이에 부응하기 위하여 우리학회에서는 기획총서를 간행하게 되었다. 2003년 8월에 한국독일어교육학회 '기획총서기금'이 마련되었고 2003년 11월에 회원들의 외국어로서의 독일어 교육에 대한 연구 활동을 진작시키고, 그 학문적 성과를 널리 알려 국내 외국어 교육의 발전에 기여하고자 '한국독일어교육학회 기획총서 간행위원회'를 구성하였다. 이로써 현재까지 제7차에 걸친 기획총서 공모를 통하여 현장에서 필요한 실 자료들과 회원들의 연구결과를 여기 시리즈로 발간하게 되었다.

기획총서의 제1권 『언어 학습 · 교수 · 평가를 위한 유럽공통참조기준』은 여러 학회회원의 공동 번역으로 이루어졌기에 더욱더 값진 작업이며, 21세기 다문화, 다언어주의 시대의 우리나라 외국어교육에 그 기여도가 크리라 기대한다.

본 총서의 제2권부터 제11권까지는 독일의 Fernstudieneinheit (Fernstudienprojekt des DIFF, der GhK und des DI) 중 외국어로서의 독일어 교육 현장에서 실제 적용 가능하고, 꼭 필요한 기본서를 번역 출간하게 되었다. 우리의 노력이 외국어 교수 · 학습에 중요한 기초를 닦아 주리라 확신하며 차후에는 여러 회원들의 연구결과 및 저서도 기획총서로 발간할 수 있기를 기대한다.

아울러 이 번역작업이 가능하도록 도움을 주신 유럽평의회(Council of Europe), Goethe-Institut에 감사한다.

각고의 노력과 끊임없는 열정으로 번역에 매진해 주신 역자들께 심심한 감사의 마음을 전하며, 인문학이 어려운 상황임에도 불구하고 기획총서 발간을 흔쾌히 허락해 주신 한국문화사에 감사드린다.

기획 · 편집 책임자
김 한란
(한국독일어교육학회 기획총서 간행위원장)

머리말

외국어수업에서 문법은 이 책에서 언급된 바와 같이 "영원한 애창곡"이다. 최신 유행하는 히트곡은 아니지만, 자꾸 부르게 되는 노래와도 같다. 외국어 수업을 하는 교수자라면 누구나 문법수업에 관한 수많은 질문들 속에서 한 번쯤은 딜레마에 빠져보았을 것이다: "학습자의 의사소통능력을 우선 목표로 하는 현대 외국어 수업에서 문법수업은 어떠한 의미를 가지는가?", "문법규칙을 어떤 순서로, 그리고 어떻게 가르치는 것이 학생들에게 더욱 효과적일까?", "학습자들이 스스로 문법규칙을 발견하고 설명하게 할 수는 없을까?" 등등. 특별히 한국어 학습자들과 교수자들에겐 독일어와 한국어가 형태 론상으로 많은 차이가 있기 때문에 이러한 질문들이 더 가슴에 와 닿을 것이다. 이 책은 문법교수법에 관한 이론 서적이기보다는, 위에 언급된 질문들을 주제로 실제 수업현장에서 보다 효율적이고 흥미있는 학습자주도적인 외국어수업을 위한 문법수입 제안서라고 할 수 있다.

Funk/Koenig는 외국어수입에서의 문법은 수업목표가 아니라, 외국어로 말하고 쓰고 듣고 읽는데 필요한 도우미 역할로 보고 있으며, 특별히 이러한 문법을 "교육 문법"이라고 부르고 있다. 이러한 문법수업에서는 학습자주도 교수법을 지향하므로 교사는 학습과정을 조직하는 사람으로 학습자들에게 이러한 과정을 함께 결정할 수 있도록 해 주어야 한다고 말하고 있다. 그리고 이 책은 실제의 수업 예를 통하여 학습자들이 능동적으로 자신만의 문법규칙을 발견하고 설명할 수 있도록 하는 방법을 제시해 주고 있다. 그리고 문법의 진도를 정할 때 교수자는 학습자가 가지고 있는 사전지식, 필요 전제조건을 바탕으로 학습목표에 알맞은 문법규칙을 선택하여 선별적으로 소개하도록 하고 있다. 또한 기존의 문법서 및 우리들이 사용하고 있는 문법서를 비교 분석함으로써 교사들이 어떻게 연습문제를 개발하고 확장할 수 있는가에 대해 조언을 하고 있으며, 또한 교재에 들어있는 연습문제들을 여러 가지 형태로 변화 있게, 예를 들어 놀이형태를 통하여 더 창조적으로 이용할 수 있는 수업 모델을 소개하고 있다. 문법을 설명할 때 학습자의 실제 일상 언어와 경험에서 예문들을 도출할 것을 또한 조언하고 있다.

이러한 점에서 이 책은 제 이 외국어로서 독일어 혹은 영어 등을 가르치는 모든 외국어 교수자들에게 실제적인 도움을 줄 수 있으리라고 생각한다. 교수자들은 수업시간에 이 책에서 소개된 유익한 여러 제안들을 적용하고 또한 응용해 볼 만한 가치가 있다고 본다.

이 번역에 사용된 원문은 “Grammatik lehren und lernen”으로서 독일 문화원에서 펴낸 원격교육 교재시리즈 1번에 해당된다.

끝으로 이 책이 출판에 도움을 준 한국 독일어교육학회 기획총서 간행위원회와 한국문화사에게 감사드린다.

2009년 10월

선지동산에서 권영숙

차 례

01

Einleitung

들어가는 말

1.1 저자들의 머리말

문법과 외국어수업은 외국어교수법에서 영원한 애창곡이다. 이 분야는 히트송이나 지금 한창 유행하는 주제는 아니지만 외국어를 가르치는 교사의 일상에 언제나 존재하고 있다는 말이다.

이 책에서 다룰 내용

이 책에서는 이론적인 모델을 설명하려고 하는 것이 아니라 수업에 대한 이야기를 하고자 한다. 독일어를 가르칠 때 여러분은 다른 것도 다루지만 문법을 다루게 된다. 여러분은 문형을 도입하고, 예를 보여주며, 설명하고 정정하고 참고문헌을 추천하거나 사용하고 또 다른 여러 가지 일들을 한다. (우리들에게도 마찬가지로) 일반 외국어교사들에게는 이런 일들이 **일용할 양식**이다. 외국어교사라면 누구나 이런 질문을 한 적이 있을 것이다. "내가 지금 한 설명이 옳은가? 예외가 있던가? 학습자들이 이 규칙을 정말로 알아야 할까? 어차피 다 틀리게 할 텐데! 왜 이걸 아직도 이해하지 못했을까?" 또, "이 규칙들을 더 간단하게 설명하는 방법은 없을까?" 이런 질문에 대한 대답이 이 책의 내용이 된다.

문법교수법에 관한 세미나에서 우리는 참가자들 — 독일인과 외국인 대학생들과 교사들 — 에게 준비하지 않은 채로 독일어의 형용사어미변화표를 칠판에 모두 그리게 했다. 독일 출신의 참가자들은 이 과제를 아주 힘들어 했고 한참동안 예문들은 찾고서야 형용사어미변화표를 칠판에 그릴 수 있었다. 외국 출신의 참가자들이 이들을 도와주었고 예문들은 들지 않고서도 힘들이지 않고 변화형을 외워서 말할 수 있었다(heiß**er** Kaffee, heiß**en** Kaffee**s**, heiß**em** Kaffee, 등등).

그러나 아무 문제없이 문법규칙표를 만들 수 있었던 몇몇 외국 세미나 참가자들은 말할 때 형용사 어미를 틀리게 사용했다.

여러분은 이러한 현상을 설명할 수 있는가? 그리고 이러한 경험을 한 적이 있는가?

독일 참가자들은 형용사 어미를 사용하는 데에 아무 문제를 느끼지 않았다. 그러나 이들은 의식적으로 이러한 복잡한 문법규칙을 눈앞에 그려 본 일이 없었다. 외국 세미나참가자들은 이미 이전에 이 표를 자주 보았고 빈칸에 채워 넣는 연습에서 자주 반복했다. 이러한 예를 보면, 문법 규칙을 외워 말하고 문법 연습을 정확하게 재생산하는 것과 그 규칙을 대화에서 올바르게 사용하는 것이 서로 분명하게 구별되는 두 가지 기능임을 확인할 수 있다. 문법을 다루는 능력이 외국어를 구사하는 능력과 같은 것이 아니라면, 이 능력은 외국어 수업에서 어떤 위치를 차지할까?

역시 독일과 외국에서 온 교사들이 함께 있었던 다른 세미나에서 우리는 모든 참가자에게 분류 보족어(『Deutsch aktiv』 1986, 72)의 예를 들어 보라고 질문을 했다. 한참 침묵이 흘렀다. 그들은 난처하다는 듯한 미소를 지었다. 아무도 그 표현을 몰랐다. "Das ist **ein Wörterbuch** 이것은 사전입니다."라는 예를 보이자 한 외국 참가자가 "그것은 주격보어이다."라고 말했다. 또 다른 사람은 "그런 것은 중요하지 않아요. 어차피 다 아는 거잖아요." 하고 말했다. '침묵하는 동안' 어떤 생각과 느낌을 가졌느냐고 묻자 여러 명은, 별로 즐겁지 않았고 학교문법수업이 생각났다고 말했다. 많은 참가자들은 "양심에 걸렸다."라고, "알아야 할 텐데 생각이 안 나네!"라고 생각했다고 말했다. 이 개념이 중요하지 않다고 생각한 참가자는 한 사람밖에 없었다.

여러분이라면 "분류보족어가 무엇이냐?"는 질문에 어떻게 반응했을까? 학교 문법시간에 질문을 받은 사람은 공통적으로 어떤 기분이 들었을까?

학교문법수업을 싫어하는 학습자들이 많다. 그 이유는 여러 가지가 있다. 우선 문법수업은 딱딱하고 재미가 없었고 규칙을 외우고 시험을 보았기 때문이다. 문법지식은 말하고 읽는 능력보다 평가하기가 쉬워 흔히 학교 시험의 대상이 된다. 시험은 누구나 싫어한다. 시험을 잘 보지 못하면 부정적인 결과가 나오고 성적이 나쁘면 선생님이나 부모님에게 야단을 맞는다. 외국어와 모국어의 문법은 학교에서 공부하는 여러 과목 중 하나였다. 이를 통해서 어떤 학교, 어떤 학급에 배정되는가가 결정되었다. 대부분의 외국어 교사에게는 학교에서 외국어가 모국어와 더불어 주요과목이었다. 즉 학교에서의 성취정도를 이 과목이 결정했다. 이 모든 것은 언어수업과는 원래 상관이 없는데도 문법수업의 '이미지' 에 영향을 미쳤다. 문법은 언제나 어려웠다. 문법은 외국어 수업에서 다른 무엇보다도 중요했고 문법을 못하는 사람은 학교생활에서 문제가 되었다.

두 번째 관찰은 문법적인 개념 자체에 대한 근본적인 질문을 제기한다. 문법적인 구조를 올바르게 사용할 뿐만 아니라 그 이름을 알고 설명할 줄 알아야 할까? 문법적인 용어들이 다른 어휘와 마찬가지로 수업내용이 될까?

학생들이 지리 선생님에게 "아랜스 부르크가 어디 있어요?" 또는 "자카르타의 인구는 얼마나 되지요?" 하고 질문을 하면 교사는 아마 이렇게 대답할 것이다. "나도 몰라 찾아 봐야 해." 이때 교사나 학생 모두 이것을 부끄럽게 여기지 않을 것이다. 하지만, 독일어의 문법과 맞춤법에 관한 학생들의 질문에 곧바로 대답을 할 수 없는 교사는 위와 같이 그렇게 솔직하게 대답하지 않을 것이다. 만약 대답을 할 수 없다면 교사나 학생 모두 괴로운 상황이 된다. 교사는 이럴때 관심을 다른 데로 돌리려고 할 것이다.

이런 관찰이나 비슷한 경험을 한 일이 있는가? 지리와 문법은 배우는 방법이 다른가, 아니면 서로 다른 교사의 반응을 어떻게 설명할 수 있을까?

위의 세 가지 관찰은 문법과 관련된 외국어수업에서의 세 가지 문제점을 잘 드러내 보여주고 있다.

1. 여러 문법 모델에서 똑 같은 사물에 대한 서로 다른 명칭들. 이 명칭들은 뒤죽박죽이고 교사와 학습자들을 혼란스럽게 만든다.
2. 학교에서 문법이 가지는 선별기능. 이 기능은 학생과 교사들에게 문법에 대해 부정적인 기억을 남긴다.
3. 어떤 규칙을 선택하고 어떻게 전달할까 하는 문제.

여러가지 실제적인 문제들에 관해서 이 책을 통해 무엇을 얻을 수 있는가?

여러 가지 외국어 교수법은 외국어 수업에서 문법수업이 가지고 있는 의미에 대해 극단적이면서도 서로 상이한 주장들을 하였다. 언어체계에 대한 아무런 설명이 없는 언어수업은 분명히 비효율적일 것이다. 반면, 언어수업이 단지 문법수업이라면 그것은 언어수업으로서 부족한 것이다. 언어수업에서 문법 설명이 수업의 목적이 아니라 도움을 주기 위한 것이라면, 언어수업에 필요한 문법수업을 위한 조언과 도움을 찾는 일은 아래의 두 극단적인 수업에서 시작한다.

'문법규칙 없는 언어수업'과 '문법수업으로서 언어수업'이라는 이러한 두 극단적인 흐름을 여러 가지 교재들 속에서 찾아 볼 수 있는데, 이 책에서는 그 흐름에 대해 간략하게 소개한다. 이것은 여러분이 수업을 위하여 최근에 나온 새로운 교재들을 파악하는데 도움이 될 것이다.

교사와 학생들은 문법규칙에 대해 이야기할 때 주로 교재에 의존한다. 따라서 문법규칙을 설명하는 표현과 시각적 표현의 문제는 이 책에서 중요한 위치를 차지한다.

이 책에서 다루는 핵심적인 주제의 하나는 언어체계의 연습, 즉 문법연습이다. 이것은 외국어교사와 학습자의 일상에서 가장 중요한 주제이다. 연습문제의 내용 그리고 양과 질은, 문법구조가 얼마나 정확하고 깊이 있게 학습되고 기억되고 사용되는가를 결정한다. 이 책에서 소개되는 교재들의 연습문제들을 어떻게 더 의식적이고 창조적으로 이용할 수 있는가, 교사들이 어떻게 연습문제를 개발하고 확장할 수 있는가에 대해 조언을 하고자 한다. 중요한 것은 문법을 다양하게 여러 가지 형태로 연습하는 것이다. 그러나 이것을 소홀히 여기는 교재들이 많은 것이 사실이다(**4장**).

다음으로 이 책에서는 문법용어와 문법진도, 즉 각각의 문법규칙들이 교재에서 다루어지는 순서를 다룬다. 70년대 중반 이후로 나타난 문법규칙에 관한 다양한 명칭들은 한편으로는 언어의 정확한 기술을 가능하게 하였고 다른 한편으로는 문법교재에 혼란을 일으켜 학습을 어렵게 만들었다. 여기서는 언어수업에 사용되는 문법용어를 논의할 것이다.

"학생들이 규칙을 발견하기"에서는 실제수업의 예를 통하여, 학생들이 새로운 구조를 도입하고 설명하는 일에 어떻게 능동적으로 참여할 수 있도록 도와주는 몇 가지 방법을 소개할 것이다.

이 책에 실린 참고문헌들은 교사들의 실제적인 참고를 위해서 수업에서 직접 사용 할 수 있거나 서점 또는 독일 문화원에서 구입할 수 있는 책들로 제한했다.

이 책의 구조는 다음과 같은 도식으로 나타낼 수 있다.

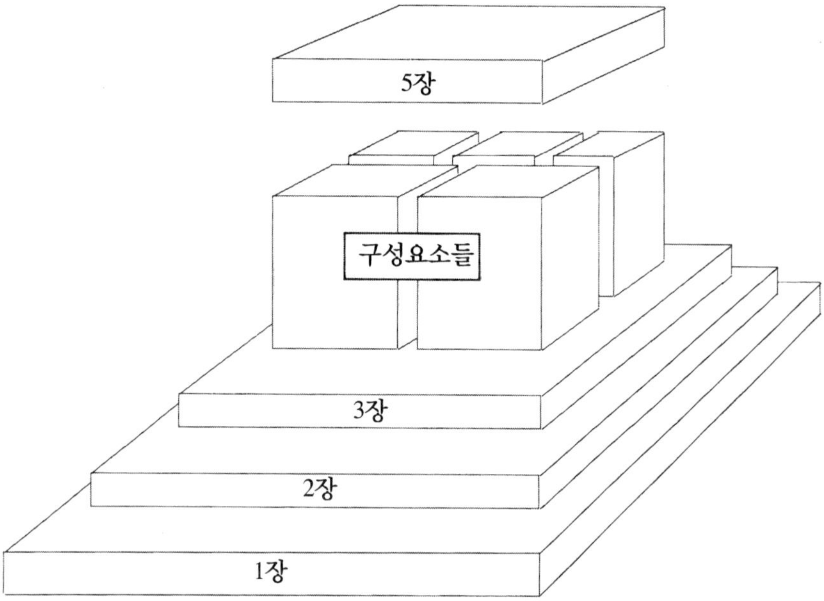

위의 도식은 이 책을 가지고 실제로 공부할 때 무엇을 의미할까?

아마 여러분은 이 책 한 권을 짧은 시간 안에 모두 다 공부하고 그 내용을 그룹에서 토의할 수는 없을 것이며 또한 그럴 필요가 없다. 그 대신 여러분은 단시간 내에 한 가지 문제에만 집중하여 여기서 제시된 여러 가지 수업방법을 고려해 보거나 실제로 해 볼 수 있다. 그런 다음에 다음 장으로 넘어갈 수 있다.

"들어가는 말"을 읽은 다음에는 2장과 3장, 그리고 4장의 각 부분들을 순서와 상관없이 각각 공부할 수 있다. 4장은 이 책에서 특히 중요하며, 4장만 따로 떼어내어 공부할 수도 있다. 또한 4장에서는 교사들이 더 많은 정보를 얻기 위하여 어느 곳을 더 읽어야 하는가에 대해서도 밝혀 두었다.

저자들의 머리말은 여기까지이다. 이후로는 교사와 학습자들의 머리말이 몇 가지 더 있다.

1.2 교사들과 학습자들은 문법수업을 어떻게 생각하는가?

1. ㄴㄴ 그리고 내가 문법을 시작하면 모든 학생이 조용해지고 내 말을 경청한다. (교사)

2. 우리 책에 나와 있는 문법은 그다지 체계적이지 않다. 일목요연하게 설명되어 있지 않다. 하지만 다른 책이 없다. (교사)

3. 이 책의 연습문제들은 쉽다. 학생들이 별로 틀리지 않고 푼다. 하지만 학생들이 완료형을 사용하여 문장을 만들면 많이 틀린다. (교사)

4. 매일 똑 같은 연습. 지루하긴 하지만 문법은 공부해야 한다. (학습자)

외국어교사나 학습자에게 외국어수업에서 문법의 역할에 대해 물으면, 대답들이 대개 비슷하다. 대부분 외국어를 배울 때 문법이 중요하다고 생각한다. 교재는 문법을 제시하고 연습하는 데 가장 중요한 자료, 때로는 유일한 자료이다. 그러나 재교육을 하다 보면 대부분의 교사와 학습자들이 교재에 대해 불만을 가지고 있음을 알 수 있다. 규칙이 제시되는 순서가 비논리적이라고 생각하는 경우가 많고, 언제나 연습이 부족하다고 불평을 한다.

이 책의 목적 중 하나는 문법교재의 구조를 더 분명히 드러나게 하고 연습에 변화를 주는 것이다. 이런 일은 때로는 아주 조금만 준비하고 노력해도 가능하다.

외국어교수법 학자인 Günther Zimmermann은 문법교수법의 이론과 실제에 관한 책을 여러 권 썼다. 한 설문조사에서 그는 교사들이 문법수업을 준비할 때 무엇이 문제인가를 알아내려고 시도했다. 다음표는 설문조사의 결과이다.

어려움	퍼센트
문법규칙을 이해하기	0.1
규칙을 분명하게 표현하고 예외를 너무 많이 만들지 않기	16.4
규칙을 학습자들이 이해할 수 있게 제시하기	21.7
규칙을 재미있고 흥미가 유발되도록 제시하기	61.8

여러분이 가지고 있는 어려움도 여기 들어있는가, 아니면 다른 어려움이 있는가? 우리는 마지막에 제시된 어려움에 대해 "구성성분"들에서 특별히 관심을 가지고 다루려고 한다.

지금까지 한참을 문법에 대해 이야기했지만, 문법의 개념이 무엇인지 아직까지 분명하게 말하지 않았다. 여기 문법의 개념에 대한 몇 가지 인용과 문법개념을 정의하려는 시도들이 있다.

1.3 문법이란 무엇인가?

과제 1

다음의 말들을 읽어보고 "문법"이 각각 무엇을 뜻하는지 생각해 보세요.

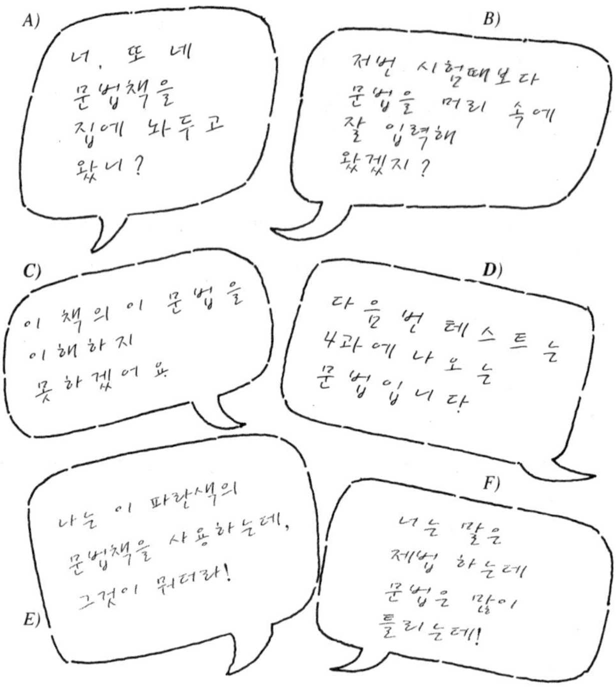

어느 문장이 어느 의미에 해당됩니까? 짝을 맞춰보세요.

1 여기서는 어느 사람이 알고 있는 문법적 지식을 뜻한다.

2 여기서는 문법책을 말한다. 아마 Helbig/Buscha의 문법일 것이다.

3 여기서는 바로 전에 수업시간에 다룬 특정한 문법규칙을 말한다.

4 여기서도 참고서, 집에서 복습할 때 쓰는 책을 말한다.

5 여기서 "문법"은 교재 전체에 제시된 문법이다.

A / , B / , C / , D / , E / , F /

여러분과 여러분의 학생들은 문법이라는 말을 어떤 의미로 가장 많이 사용하는가?

우리는 문법이라는 말을 언어학적으로 정확하게 정의하지는 않는다. 여기서는 단순히 다음과 같은 것들을 서로 구분하려고 한다.

Helbig(1981)는 문법이라는 말의 세 가지 의미를 서로 구별하고 있다. 그는 문법 A, B, C라는 표현을 쓴다.

예 A

내 생각에는 독일어 문법이 영어 문법보다 복잡하다.

문법 A는 여기서 언어학적인 명칭이나 기술과는 관계없이 한 언어의 규칙체계 전체를 의미한다.

그 말은 한 언어의 문법, 그 언어의 규칙체계는 언어학자들 없이, 학술적인 기술 없이도 존재한다는 뜻이다.

예 B

나는 Duden 문법을 새로 샀다.

규칙체계의 언어학적인 기술, 언어학이 규칙체계의 상을 만든 것을 **문법** B라고 하자.

예 C

그는 억양은 좋지만 문법에는 오류가 많다.

문법 C는 언어학습자가 언어수업에서 체계적으로 학습하거나 수업 없이 습득한 규칙체계를 뜻한다.

이 정의가 뜻하는 것은 "머리 속에 있는 문법"이다. 관찰 1을 기억하는가? 관찰 1에서의 학생들은 체계를 정확하게 기술할 수는 없었더라도 문법지식을 갖고 있었다.

위의 중요한 문법의 분류에 대해서는 이정도로 이야기하기로 하자. Helbig는 문법 B를 더 자세하게 분류한다. 그는 어떤 목적으로 규칙과 구조가 기술되었는가를 살펴본다. 문법 B는 일차적으로 언어학적인 목적을 위한 언어기술이다. 즉 언어학적인 문법이다. 이 문법을 그는 문법 B1이라고 부른다. 문법규칙과 구조들이 언어를 배우기 위한 목적으로 교재에서 기술되면 그는 이를 B2, 교수법적 문법 또는 교육용 문법이라고 부른다. 이 개념들은 전문서적에서 동의어로 쓰일 때가 많다. 거기서는 B2를 학습자 문법이라고 부르는 경우도 볼 수 있다.

위의 정의를 도식화하면 다음과 같다.

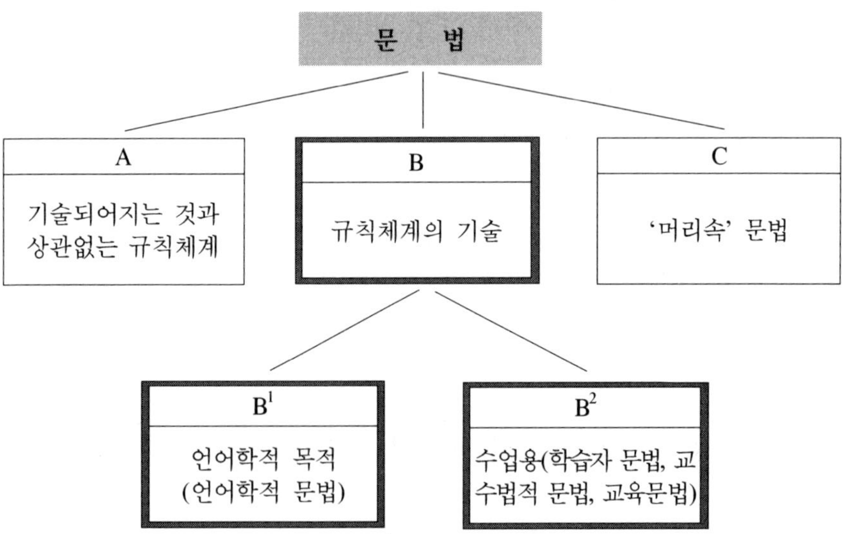

이 책에서는 **교육문법**이라는 개념을 사용하기로 했다. 그렇게 하면 우리가 여기서 규칙체계를 어떻게 분배해서 수업시간에 제시하고 설명하는가 하는 것뿐만 아니라 규칙에 대한 교수 학습 과정 전체를 다루려고 한다는 점이 가장 분명하게 드러난다고 생각한다.

이 책에서 교육문법은 단순한 언어기술 이상이다. 여기서 말하는 것은 다음과 같은 특징을 지닌 문법 설명이다.

➤ 일차적으로 교육에 관계된 질문을 한다. 즉 학습자의 사전지식, 필요와 전제조건이 무엇인지를 묻는다. 이를 바탕으로 규칙을 선택하고 기술한다.

➤ 문법은 외국어를 읽고 쓰고 듣고 말하는 데에 필요한 도움이지 그 자체가 수업의 목표가 아니다.

➤ 언어학적인 문법과는 달리 체계 전체를 기술하려 하지 않고, 규칙과 체계 중에서 현재의 특정한 사용목적에 알맞은 부분만을 선택하여 기술한다.

➤ 규칙과 체계를 제시할 때 투명하고 분명한 느낌을 주기 위해 언어가 아닌 수단, 즉 색깔이나 그림도 사용한다.

간단히 말해서, 이 책에서는 외국어수업의 목적인 문법이 아니라 어떤 목적에 도달하기 위한 수단인 문법에 대해서 이야기한다. 그 목적은 학습자들이 외국어를 능동적으로 사용한다는 것이다.

끝으로 Reiner Schmidt의 말을 인용하겠다. Reiner Schmidt는 언어학적인 문법과 학습자를 위한 교육문법의 차이를 표로 정리했다.

언어학적인 문법	학습자 문법
전체 (**규칙**의 예외는 특히 중요하다)	선택
(기술/설명이) 추상적임	(모형/설명이) 정확함/분명함
(설명이) 짧음	(중요하게 여겨지는 부분의 설명이) 자세함
학습심리학적인 전제조건이나 고려할 점이 없다	학습심리학적인 범주들: 이해가능성, 기억의 용이함, 사용가능성

출처 Schmidt (1990), 153/4

외국어를 배우는 데 사용하는 이와 같은 문법에 대해 그는 이렇게 말했다.

> 이 문법의 최종적인 목적은 스스로 필요 없어지는 것이다. 외국어학습자가 외국어를 문법이라는 "목발" 없이 자유롭게 이해하고 생산한다면 이 목적은 이루어진 것이다.

02

Grammatik im Lehrbuch – Grammatik im Unterricht

교재의 문법 – 수업시간의 문법

2.1 교재의 문법

제시되는 문법규칙의 양과 형태는 교재에 따라 다른 것이 보통이다. 어떤 저자들은 규칙하나를 설명하는 데에 공간을 많이 할애하고 다른 책에서는 표 하나에서 예문만을 보여주며 또 다른 책에서는 그 규칙을 전혀 다루지 않고 있다. 문법을 설명하는데 있어서 언제나 사용할 수 있는 단 하나의 올바른 제시형태가 없음은 이러한 사실만 봐도 잘 알 수 있다. 교재의 차례에도 문법이 가지는 위치가 드러난다.

다음에 네 종류의 교재에 실린 차례를 복사하여 소개하기로 한다.

Inhaltsverzeichnis und Stoffplan

[출처] Griesbach (1976), 9

과제 2

A: 어떤 범주에 따라 차례의 항목들이 분류되어 있는가? 여기서 문법은 어떤 위치를 차지하나요?

B: 차례가 알아보기 쉬운가요?

C: 교사와 학생들은 이 차례를 보고 각 장의 내용이 실제로 무엇인 지 알 수 있나요?

이 과제는 이 책에서 처음으로 나오는 긴 과제이다. 이 질문들에 대답하기가 어렵다면 아래에 있는 평에서 도움을 받을 수 있다.

각각의 장에는 텍스트지문과 언어재료가 들어있다. 텍스트지문에는 단순히 제목들만이 나열되어 있다. 이 제목들은 가끔은 어떠한 주제가 다루어지는지를 알게 해 준다. 하지만 어휘 장 (날 - 달 - 해)과 문법적인 수업내용 (알파벳, 음절)도 이 항에 들어 있다. 즉 텍스트지문이라는 개념은 무엇이나 그 범주에 포함될 수 있는 등, 뒤죽박죽인 범주로 사용되고 있으며 무엇인지 알 수 없게 되어 있다. 언어적인 재료에는 문법개념만이 나열되어 있다. 이 부분은 회색으로 인쇄되어 있다. 회색으로 그리고 '언어재료'라는 말로 이 교재의 이 부분에 특별히 중요한 학습내용이 담겨져 있음을 말해주고 있다.

과제 3

같은 방법으로 다음 세 가지 차례를 살펴보세요.

INHALTSVERZEICHNIS

출처 Schäpers (1972), 3

Inhaltsverzeichnis

Kapitel	Grammatik	Redeintentionen	Themen
1 Seite 1–9	Präsens Nominativ: Nomen und Pronomen Der Hauptsatz: einige Satzbaupläne	trinken bitten, danken grüßen bestellen	Getränke
2 Seite 10–24	Zahlen bestimmter und unbestimmter Artikel Adjektiv im Prädikat, Adjektiv beim Nomen Singular und Plural	kaufen: wählen, nachfragen, zahlen	Markt Laden
3 Seite 25–39	Präsens: Verben auf -ieren Verben auf -ten, sein Frage und Antwort	persönliches Interview: fragen, antworten (Beruf, Wohnung, Studium)	Personalien Lesetext: Privatbrief
4 Seite 40–55	Modalpartikel auch, gern Negation ja – nein – doch Ja-Nein-Frage, W-Fragen: einige Satzbaupläne	zum Mitmachen auffordern, einladen	Freizeit
5 Seite 56–68	Akkusativ: Nomen und Pronomen	verlangen, ablehnen, bestellen	Mahlzeit
6 Seite 69–89	negativer Artikel (kein) Possessivum (mein) Präsens: haben Adjektiv im Prädikat, Adjektiv beim Nomen	Urteil über Sachen und Personen artikulieren auf Ausfragen reagieren	Besitz
7 Seite 90–107	Modalverben möchten, können, müssen, wollen, dürfen	Unterkunft suchen, beurteilen frei/besetzt erlaubt/verboten	Hotel Untermiete Lesetext: Berufswahl
8 Seite 108–130	Demonstrativum (dieser) woher? wo? wohin? Präsens: starke und schwache Verben Uhrzeiten: offizieller Gebrauch		Verkehr Lesetext: Europa

출처 Häussermann (1978), V

Inhaltsverzeichnis

출처 Neuner (1986), 3

다음에 나오는 글 세 가지는 앞에 소개된 차례들에서 나온 예들을 설명하고 있다. 어떠한 설명이 어느 차례에 해당되는지 찾아보세요.

1 이 목차에는 세 가지 범주가 있기 때문에 다른 두 가지 목차보다 상세하다. 문법이 가장 먼저 나오고, 각각의 명칭은 예를 들어서 설명하고 있다 (부정 관사 – kein). 발화의도와 주제가 뒤따라 나온다. 그래서 이 목차는 명료하고, 많은 정보를 얻을 수 있다.

2 목차는 두 줄로 되어 있고 다섯 개의 범주로 되어 있다. 왼쪽 항에는 각 장의 학습목표에 관한 간략한 정보가 쓰여 있고 오른쪽 항엔 구체적으로 교재의 쪽수가 쓰여져 있으며 각장을 대변하는 텍스트의 제목 및 이와 관련된 문법과 연습문제들도 쓰여 있다. 두 번째의 예가 다른 예보나 가장 세부적인 정보로 되어 있는데, 이때 우리는 목차를 읽고 이해하는 것에 방해를 받지 않기 위해서 어느 정도까지 세부적이여야 하고 세부석일 수 있는가 라는 질문을 해 볼 수 있다.

3 목차에 문법에 관한 정보가 없다. 소개된 제목들은 대화상황에 관한 정보(im Supermarkt, 수퍼에서)나 – 자주 – 과의 지문에서 가져온 직설화법의 발화이다(Und wo schlafe ich?). 이 경우에는 각장에 대한 내용 소개가 쉽지 않다. 목차의 정보량은 극히 적다.

위의 설명은 각 각 어느 목차에 관한 것일까요? 찾았다면 번호를 쓰세요.

예 2: **예 3:** **예 4:**

지금까지는 차례의 예들을 살펴보았다. 그 동안에 여러분이 가르치거나 배워서 가장 잘 아는 교재의 차례에 대해서도 한 번 생각해 보았을 것이다. 이제는 여러분이 사용하는 책을 살펴보기로 하자.

✎ 지금 사용하거나 잘 아는 교재의 차례가 가지고 있는 특징을 말해보세요.

A. 책의 차례를 위의 네 가지 예와 비교해 보세요. 어느 것과 비슷한가요?

B. 다음의 실험을 해 보세요. 여러분이 잘 알고 있는 교재에서 한 과를 선택해서 차례에 넣을 말을 써보세요.

C. 여러분이 만든 차례를 책의 원래 차례와 비교해 보세요. 어느 것이 더 마음에 드나요?

여러분은 교재의 차례만을 보고도 저자들이 그 책을 계획할 때 무엇을 중요하게 생각했는지, 즉 그 교재의 교수법적, 방법론적 기초가 무엇인지에 대해 말할 수 있다. 차례에서는 각 과에서 무엇을 기대할 수 있는가를 가능한 한 정확하게 밝혀야 한다. 차례는 또한 수업목표를 분명하게 알려주어야 하며 학습자들이 이것을 잘 이해할 수 있게 해주어야 한다. 이것은 학습자의 모국어로 쓰여 지는 것이 가장 좋은데 그렇게 하면 학습자들이 무엇을 기대할 수 있는지 미리 알 수 있고 그들이 학습목표에 도달했는지를 스스로 확인할 수 있다.

2.2 수업에서의 문법: 교사－학습자－교재

앞에서 교재의 차례들을 서로 비교하였다. 이제 우리는 교재와 수업시간에 문법을 다루는 예들을 좀 더 자세하게 살펴보기로 한다. 여기에서는 교재에서 예를 가져왔고, 생각할 점들을 함께 덧붙였다. 먼저 과제를 읽고 그 다음에 교재의 예를 보도록 하자.

연 습 지

교재와 수업시간의 문법을 조사하기 위한 도움말

A 교재에 관해서

1) 이 과의 학습목표는 무엇인가요? 저자들은 이것이 무엇인지를 명시하고 있나요? 아니면 암시하고 있나요?
2) 어떤 지문이 있나요 (대화 / 읽기 지문 / 기타)?
3) 어떤 문법구조와 규칙이 도입되나요?
4) 이 문법구조가 어떤 상황 / 내용과 연관되어 있나요?
5) 그 구조와 규칙은 시각적으로 어떻게 표시되어 있나요?
6) 각 문법 주제에 얼마나 많은 연습문제가 주어지나요?
7) 각 연습을 하기 위해 얼마만큼의 문법지식이 요구되나요?

B 수업에 관해서

8) 각 연습문제를 조사하고 연습목표를 간략히 요약한 목록을 만드세요. 구체적으로 무엇을 연습하게 되나요? 학습자는 각 연습문제에서 무엇을 해야 하나요 (말하기? 쓰기?)?
9) 이 과를 다룰 때 교사의 과제는 무엇인가요?
10) 여러분이 이 과를 수업한다고 상상해 보세요 (누가 무엇을 하고 무슨 말을 하나요? 어떤 수업단계로 구분할 수 있나요?).

II. **Eine Verabredung.**

Turgut : Hüseyin und ich wollen ins Kino gehen. Wir wollen dich mitnehmen.
Ahmet : Ich muss zuerst meine Aufgaben machen. Aber ich will meinen Vater fragen. Vielleicht darf ich mitgehen. — Wann beginnt das Kino?
Turgut : Es beginnt um halb 5!
Ahmet : Wie heisst der Film?
Turgut : Er heisst "Die drei Brüder" und es gibt auch eine Wochenschau.
Ahmet : Ich frage auch Tülin, vielleicht kann sie auch mitgehen.
Turgut : Gut! Wann und wo treffen wir euch?
Ahmet : Könnt ihr uns abholen?
Hüseyin : Natürlich? Wir holen euch um 4 Uhr ab.
Ahmet : Hoffentlich bekommen wir noch Karten!
Turgut : Sicher! Um diese Zeit gehen nicht so viele Leute ins Kino.
Hüseyin : Dann gehen wir jetzt nach Hause und machen unsere Aufgaben.

III. **Übung 1 :**

Ich frage dich. — Wir fragen euch.
.. treffe .... — ... treffen ....
.. besuche ..... — ... besuchen ..
.. hole ..... ab. — ... holen .. ab.
.. nehme .. mit. — ... nehmen .. mit.
.. lade .... ein. — ... laden .. ein.

Übung 2 :

Reşat kommt um 4. — Er will uns besuchen.
.... 6. — Er ...... abholen.
.... 5. — Er ...... mitnehmen.
.... 2. — Er ...... einladen.
.... 10. — Er ...... fragen.

출처 Peksirin (1987), 54 (원본은 칼라)

Stück 12

Übung 3 :

Wen fragt Turgut? — Er fragt mich.
... trifft ...... — Er .... mich.
... besucht .... — Er ....
... holt ... ab? — Er .... ab.
... lädt ... ein? — Er .... ein.
... nimmt . mit? — Er .... mit.

Übung 4 :

Heute kann ich dich nicht besuchen.
.... dich nicht abholen.
.... mitnehmen.
.... einladen.
.... treffen.

Übung 5 :

Hier gibt es viele Bücher. — Dort gibt es keine Bücher.
.... viele Hefte. — Dort ...... keine Hefte.
.... Schokolade. — Dort ...... keine Schokolade.
.... Brot. — Dort ...... kein Brot.
.... Koffer. — Dort ...... keine Koffer.
.... Autos. — Dort ...... keine Autos.
.... Lehrer. — Dort ...... keine Lehrer.
.... einen Film. — Dort ...... keinen Film.

Übung 6 :

Heute darf ich ins Kino gehen.
.... Fussball spielen.
..... dürfen wir ins Kino gehen.
.... Fussball spielen.

Übung 7 ·

1. Wir .... heute ins Kino gehen. Wir .... dich mitnehmen. 2. Ich .... zuerst meine Aufgaben machen. Aber ich .... meinen Vater fragen. 3. Vielleicht .... ich mitgehen. 4. Wann .... das Kino? Es .... um halb 5. 5. Es .... eine Wochenschau. 6. Wann und wo .... wir euch? 7. .... ihr uns abholen? 8. Natürlich! Wir .... euch um 4 Uhr ab. 9. Hoffentlich .... wir noch Karten. 10. Um diese Zeit .... nicht so viele Leute ins Kino.

출처 Peksirin (1987), 55

2. 주의 할 점

이 단원에서는 일인칭 및 이인칭대명사의 목적격이 소개된다. 여기서 이전 과에서 배웠던 목적어를 동반하는 동사들(예를 들어 sehen, fragen, verstehen)과 화법동사들을 잠시 복습한다. 이 단원에서 "dürfen"을 배우게 된다. 이 내용을 또한 터키 어로도 이해하기를 권하며, 아래와 같은 화법동사의 의미상의 차이를 분명하게 인지하도록 해야 한다.

können: 능력이 있다, 할 수 있다: 이러한 능력은 문장의 주체자에 달려 있다.

dürfen: 제 삼자가, 예를 들어 아빠나 엄마가 허락 한다; 나는 허락 받았다.

Ich kann Fußball spielen	=	Ich bin imstande, Fußball zu spielen.
나는 축구를 할 수 있다.	=	나는 축구를 할 능력을 가지고 있다.
Ich darf Fußball spielen	=	Mein Vater hat mir erlaubt, Fußball zu spielen.
나는 축구를 해도 된다.	=	나의 아빠가 내가 축구하는 것을 허락했다.

본 단원의 d)의 "ich treffe dich" 그룹에 삼인칭 복수 "sie treffen mich"도 속한다. 이 형태들을 도입하여 이에 대한 연습문제를 해보세요.

이 단원에서 또한 문장성분이 도치가 된다는 사실을 반복하여 설명 하세요:

Ich treffe euch morgen. 나는 너희들을 내일 만난다.
Morgen treffe ich euch. 내일 나는 너희들을 만난다.

3. 연습문제 제안

aa) Wenn lädt er noch ein? Er lädt auch seinen Onkel ein.
Stimuli: seinen Freund, seine Tante, seinen Bruder, seine Lehrerin, seinen Lehrer, seine Schwester, seinen Vaterm seine Mutter

ab) Wann können wir euch zu Hause treffen? Wir sind um 3 Uhr sicher zu Hause.
Stimuli: andere Zeiten

출처 Peksirin (1970), 74쪽

이 장에서는 일인칭과 이인칭대명사의 목적격, 그리고 조동사 dürfen과 können이 도입되었다. 학습자들의 과제는 주어진 대명사를 사용하여 문장을 완성하는 것이었다. 처음 두 페이지 다음에 인칭대명사 목적격이 표로 제시되었고, 이 구조들은 세 명의 터키 청소년들이 터키 극장 앞에서 독일어로(!) 서로 약속하는 대화에 사용되었다. 이 청소년들은 문법적인 문장으로 대화를 했다. 대명사 중에서 선택하라는 과제는 없었다. 조동사 dürfen를 쓰는 연습은 네 개가 있었는데, 주어진 예와 같이 해야 하기 때문에 실제로 틀리지도 않고 변형을 시킬 수도 없다.

이 연습문제들은 완전히 조정되어 있어 다른 답이 나올 수 없다. 마지막 연습은 한 범주의 단어만을 지시문대로 집어넣으면 되는 것이 아니기 때문에 처음에는 어려워 보인다. 하지만 지문의 문장들이 사용되어 있기 때문에 학습자들은 정답을 본문에서 그대로 베껴 쓸 수 있다. 이 연습문제는 첫 번째로, 대화문을 한 직후에 할 수도 있다. 연습의 진도—쉬운 것에서 어려운 것으로—학습자에게서 요구하는 바의 변화는 찾을 수가 없다. 모든 연습에서 학습자는 주어진 단어를 부분적으로 새로운 통사구조에 채워 넣기만 하면 된다. 주어진 조동사와 인칭대명사는 체계의 한 부분으로 제시되지 않고 그저 모방을 통해서 학습된다. 조동사에 대해서는 교사용 교재에서, 교사가 학습자의 모국어로 설명하라고 되어 있다. 이외에도 교사용 교재는 교사가 학생들에게 더 많은 연습을 하도록 요구하며, 이에 필요한 도움말을 주고 있다 (추가로 오십 개 정도 되는 자극, 즉 교사가 할 수 있는 질문).

이러한 방식의 수업형태는 잘 알고 있듯이, 수업에서 교사의 과제는 '자극을 주는 사람'이 되는 것이고 학습자의 과제는 이러한 자극에 반응하는 것이다. 학습자들은 대화를 따라하고 주어진 빈칸을 채우고 교사의 질문에 대답한다. 이러한 수업은 모두에게 피곤한 방법이고, 교사는 각 학습자들의 어려움을 돌아볼 시간이 없다. 학습자들이 목적격 인칭대명사와 조동사를 배운 후에 다른 대화 상황에서 이러한 문법정보를 사용할 가능성은 아마도 적을 것이다. 이 과에서 이것을 요구 하지도 않으며 문장의 틀

(조동사+ 동사)도 학습자들이 인식하도록 되어 있지 않다.

과제 6

> ✎ **여러분이 가장 잘 아는 교재를 다시 꺼내어 조금 전의 연습문제지를 다시 한 번 써 보세요. 그 결과를 동료들과 토의해 보세요.**

여기까지는 교재에 대해 살펴보았다. 이제 두 가지의 예를 통해 문법수업에서도 교재가 중심이 되어서는 안 된다는 것을 보이도록 하겠다.

2.3 수업시간의 문법 – 비디오 자료에서 나온 예

몇 해 전에 독일 문화원에서 "수업시간에서의 문법"이라는 큰 프로젝트가 있었다. 그 프로젝트에서 유럽 여러 나라의 문법 수업들을 70시간 정도 녹화했다. 그 테이프 중 상당량은 독일문화원의 여러 곳에 소장되어 있으며 이 책을 공부하면서 꼭 봐야할 수업들을 볼 수 있다. 이 녹화물에는 별로 성공적이지 않은 수업도 담겨있기 때문에 자신의 수업을 되돌아 올 기회를 줄 것이다.

예 1

첫 번째 예는 1986년 말에 "인과관계의 문장"(이유, 조건)이라는 주제를 다룬 아테네에서의 문법수업이다. 이 수업에 참가한 학생들은 제 이 외국어로서의 독일어를 이미 3년 동안 배운 상태이며, 이 과정에서의 교재는 『Deutsch Konkret』이다. 학생들은 이 책의 2권 8장을 이미 부분적으로 다룬 상태였다.

여기 이 수업 기록의 일부와 비디오 자료에서 가져 온 각 수업 단계의 사진이 있다.

17
인과관계/접속사
근거/조건

Haido Papadopoulou
그리스 1986년 12월

수업 진행

00:00 **주제도입**

"왜 부모님과 갈등이 생길 수 있는가" 라는 주제의 과제와 연관시켜 교사는 "부모님과의 갈등요인들에 대해 독일 학생들의 한 말이 쓰여 있는 카드를 학생들에게 나눠준다. 학생들은 이 카드를 읽고 선생님이 나눠준 리스트에 이 발언을 쓰고 이것을 갈등요인에 따라 분류한다(1과 1a 참조). 학생들은 독일학생이 부모님과 얼마나 자주, 그리고 어떠한 문제들을 가지고 있는 가를 알게 된다. 학생들은 그룹으로 공동 작업한다.

01:50 그룹 활동. 학생들이 작업하는 동안 교사는 돌아다니면서 학생들을 격려하며 설명해 준다.

05:51 교사는 조별학습결과의 평가를 위해 준비된 리스트를 (대형) 벽에 붙여 논다.

평 가

16:14 각 그룹들은 교탁 앞으로 나와 독일 학생들의 발언을 소개 한다. 이때 경청하고 있던 다른 그룹의 학생들은 이 발언들을 칠판에 있는 갈등요인 리스트에 분류한다. 학생들은 계속하여 이러한 갈등요인과 연관있는 독일 학생들의 발언들을 소리 내어 읽는다.

27:30 각 그룹은 작업결과를 칠판에 있는 커다란 리스트에 써 넣는다.

출처 Dahl (1988), 444

출처 Dahl (1988), Video Nr. 17

출처 Dahl (1988), Video Nr. 17

(출처) Dahl (1988), Video No. 17

여기 학생들이 조별로 작업했던 몇 개의 카드들이 있다:

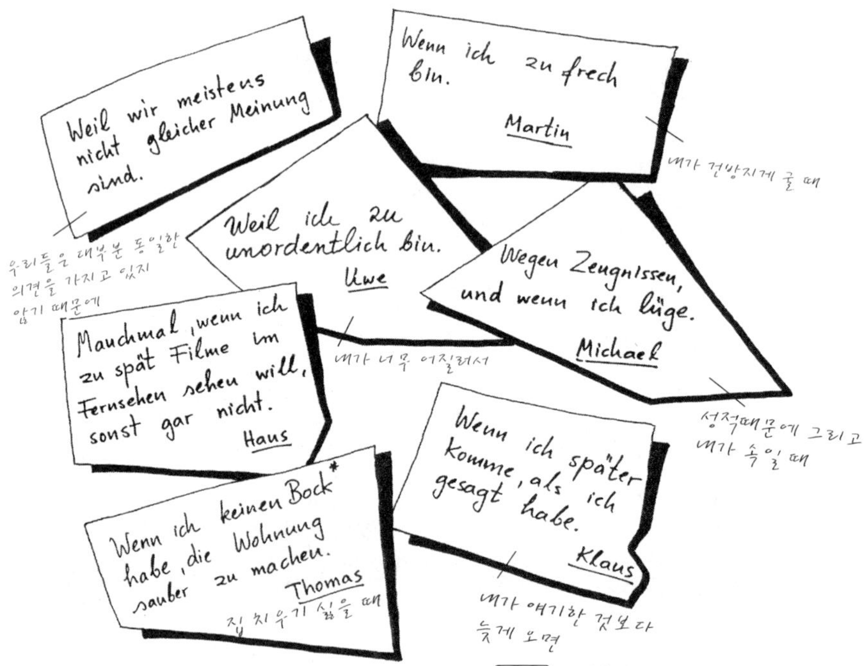

(출처) Dahl (1988), 446-451

앞 절(2.2장)에서 이미 보았던 예들과 비교하여 두 가지 다른 점이 눈에 뜨인다.

1. 이 수업은 교사가 질문하고 학생들은 대답하는 그러한 교사위주의 수업형태는 아니다. 학생들은 서로 대화를 하는데 이때 학생들은 교재 한권만 가지고 공부하지 않는다. 학생들은 그들의 텍스트, 그러니까 카드를 썼고 그 카드를 가지고 계속해서 공부한다. 여기서 교사는 문법주제에 관련된 그룹 활동을 한 가지를 준비했다.

2. 이 수업에서는 문법 구조뿐만 아니라, 학생들과 직접적인 관련이 있는 구체적인 내용이 다뤄지고 있다. 학생들은 독일 청소년들과 부모 사이의 갈등에 대해 배우게 되며 그들이 원한다면, 이것을 자신들의 현재 상황과 비교할 수도 있다.

십오 분 동안의 그룹 활동이 이루어지는 동안에 교사는 취약한 학생들을 도울 수 있는 시간을 가지게 된다. 학생들은 그룹 활동을 하는 동안 새로운 문형에 대해 서로 이야기를 나누고 또한 예문을 천천히 읽어볼 수 있다.

이 수업에서 학생들은 교사나 교재가 주는 자극에 대해 반응을 할 뿐 아니라, 예문들을 자율적으로 토론하면서 내용을 정리한다. 이러한 예문들이 학생들의 경험 세계에서 나온 것이므로 그 내용은 나름대로 의미를 가지고 있다. 이 수업단계의 결과물로서 부모와의 갈등에 대한 독일과 그리스의 통계자료가 나왔으며 문법연습을 하면서 지역학 정보도 다루었다. 이러한 수업시간의 교수방법론적인 토대는 3.3장에서 자세히 다루기로 한다.

예 2

다음에 소개할 두 번째 수업 예는 스웨덴의 웁살라에서 1986년에 녹화한 것으로 접속법 II식을 다룬것이다. 이 수업에서는 교재가 큰 역할을 하지 않는다. 교사는 짧은 멘트로 수업을 시작한다.

출처 Dahl (1988), Video Nr. 26

웁살라, 1986년 12월 16일: 접속법 II식

교사: 여러분이 잘 알다시피 사람에는 두 가지 유형이 있는데, 직설법 인간형과 접속법 인간형입니다.

이것을 한번 써보기해요.

접속법인간은 이렇게 말합니다. "Wenn ich nur etwas mehr Geld hätte, würde ich mir ein Auto kaufen, dann würde ich nach Italien fahren. 내가 돈이 있다면, 자동차 한 대를 사러 이태리로 떠날 텐데". 혹은 "Wenn ich nur mehr Zeit hätte, dann würde ich besser Deutsch lernen 시간이 조금 있다면, 독일어를 더 잘 배울 텐데."
직설법인간은 이렇게 말합니다. "Ich habe kein Geld, aber ich will nach Italien fahren나는 돈이 없지만 이탈리아로 떠나겠다. Also fange ich jetzt an zu sparen 그래서 돈을 저축하려고 한다. 혹은 이렇게 말을 한다: "Ich weiβ, dass ich viel zu viel .. äh .. viel zu viel wenig Deutsch lerne 나는 내가 독일어를 너무 너무 조금 배운다는 것을 알고 있다. Ich muss mehr Zeit dafür haben 독일어에 좀 더 시간을 할애해야 한다. 혹은 이렇게도 말을 한다, "Ich bin leider nicht bei meinem Liebling, aber vielleicht schreibe ich ihm doch einen Brief 나는 유감스럽게도 내 애인과 함께 있지 않다. 아마도 그에게 편지 한 장을 써야 할 것 같다!"

출처 Dahl (1988), 비디오 Nr. 26

그리고 교사는 학생들이 스스로를 접속법인간이라고 생각하는지 직설법인간이라고 생각하는지를 묻고 이러한 상황의 예를 이야기해보라고 한다.

출처 Dahl (1988), 비디오 Nr. 26

수업계획에서는 이 수업의 첫 부분이 이렇게 되어 있었다.

수업진행과정

00 : 00	두 명의 학생들이 자기소개와 독일어 수업을 소개 한다.
00 : 40	도입: 직설법 인간과 접속법 인간 교사가 예문으로 '직설법 인간과 접속법 인간'을 소개한다.
02 : 00	교사가 누가 접속법 인간이고 (몽상가) 누가 직설법 인간 (현실주의자) 인지를 묻는다. 학생들이 대답한다.
03 : 05	교사가 사람이 살면서 직설법 인간보다 접속법 인간일 (몽상가) 상황에 대해 질문하고 제안들은 칠판에 쓴다.
05 : 25	교사는 가정법 인간에 대한 것을 요약한다.
05 : 50	학생들은 사람들이 가정법 인간이 될 수 있는 상황에 대해 말한다. 교사는 이러한 제안들을 메모한다.
07 : 28	설명 교사는 동사의 한 형태로서 비현실성, 상상 등을 표현하는 가정법을 설명한다.
08 : 27	교사는 벽에 있는 몇 개의 예를 보여주며 학생들이 문장 구조 모델을 발견했는지를 묻는다. 학생들을 이것을 "부문장", "주문장", "접속사"라고 명명한다.
12 : 24	교사가 요약한다: 비현실의 조건문은 'wenn' + 접속법으로 된 부 문장과 'würde' + 동사부정형의 주문장으로 되어 있다. 주문장과 부문장의 순서는 바뀔 수 있음을 강조한다.

출처 Dahl (1988), 524

앞의 첫 번째 예에서와 마찬가지로, 여기서도 교사는 문법주제를 학습자들의 감정이나 그들과 연관관계가 있는 것으로 정한다. 교사는 이러한 구조로 무엇을 표현할 수 있는지를 보여준다.

Hans Jürgen Krumm 교수는 함부르크대학에서 외국어교육을 가르치고 있다. 그는 위의 수업시간을 아래와 같이 말하고 있다;

> ... 이러한 수업을 통하여 문법이 인지적으로 잘 구성된 하나의 시스템으로 소개되는 것뿐만 아니라 이러한 수업은 의사소통기능과 학습자의 감정이 잘 조화된 좋은 수업의 예라 할 수 있다. ... (Krumm 1988, 22)

물론 비판할 점도 있다. 직설법인간 · 가정법인간이라는 주제를 교사가 7분 30초 내에 도입하게 되는데 교사는 혼자 이야기하고 재빨리 문법 설명으로 넘어간다. 학생들은 그 시간 동안 이것이 정말 무엇을 뜻하는 지를 생각을 해 볼 시간적 여유가 없다.

여기서 한 가지 제안을 하기로 한다. 만약 여러분이 가정법 II식을 가르치려고 한다면 위의 선생님처럼 시작하되 학생들이 답변을 함으로써 교사를 돕도록 하고 또한 학생들이 생각을 할 시간을 준다. 예를 들자면 아래와 같다:

Ich glaube x ist ein Konjunktiv- / Indikativmensch, weil. ...
내 생각에는 x는 가정법-/ 직설법인간인 것 같은데, 왜냐하면 ...

교사는 학생들을 둘 씩 짝을 짓게 하고 몇 분 동안 학급친구들에 대해 위와 같은 문장을 써볼 것을 청한다. 그리고 완성된 문장들을 읽고 언급된 학생들이 이것이 사실인지를 말하도록 한다.

비디오의 여선생님이 한 문법 작업 활동이 기존의 딱딱한 문법 설명보다 더 효과적인 이유를 이 책의 34~36쪽에서 찾을 수 있을 것이다.

지금까지는 교재와 수업에서 문법이 어떻게 제시될 수 있는가를 살펴보았다. 이제 여러 교재에서 문법을 다루는 방법이 원칙적으로 어떠한 차이를 보이는지 간단히 요약하고자 한다.

03

Grammatik in drei Lehrwerkgenerationen - Präsentation und Übungen

삼 세대간의 교재에 나타난 문법 - 제시와 연습

이 책에서 인용된 예들은 매우 다양하다. 그 원인은 각 교재들이 서로 다른 외국어교수법을 근거로 하고 있기 때문이다. 만약 여러분이 이러한 수업 방식들을 좀 더 자세히 살펴보고자 한다면 아래와 같은 두 가지의 방법이 있다.

1. 여러분은 본 장에서 세 가지의 중요한 외국어 교수법의 특성에 대해 알게 될 것이다.
2. 여러분은 서로 다른 교수법과 더불어 외국어로서의 독일어 수업 방식 또한 자세히 알게 될 것이다.

본 장은 여러분 교재가 어떤 수업방식을 근거로 하고 있는지를 판단할 수 있도록 하기 위해서 제 이 외국어로서의 독일어교재의 세 가지의 타입을 소개 한다. 이 교재들에 관해 다음과 같은 세 가지의 질문을 한다.

1. 어떠한 내용적인 연관관계속에서 문법규칙과 구조가 소개되는가?
2. 문법규칙들이 어떻게 기술되고 설명되고 있는가?
3. 어떠한 연습문제들이 교재에 수록되어 있는가?

여기서 우리는 독일에서 많이 사용되고 잘 알려진 교재들을 선택하였다.

3.1 문법수업으로서 언어수업 – 문법 · 번역식 교수법의 교재

문법 · 번역 식 교재란 교재의 모든 연습문제 및 도표 그리고 테스트가 언어의 문법 규칙(전통적으로 번역에서도 이러한 방식을 사용)을 전달하는 것을 목표로 하는 교재를 말한다. 수업목표는 대화나 문서상 자유로운 언어사용이 아니라 언어의 형태상의 체계를 알고 재생산하는 것이다.

다음의 예는 Dora Schulz와 Heinz Griesbach의 『Deutsche Sprachlehre für Ausländer 외국인을 위한 독일어』에서 인용해 온 것이다. 이 책은 1955년도에 출판되어 오늘날까지 여러 번 개정판을 출판하였다. 두 권으로 되어 있는 위의 책의 제 1권 14장에서 동사의 대과거형 외에 일련의 강변화 동사가 소개되고 완료형을 연습하게 된다. 또 다른 문법주제는 의문사와 함께 오는 부 문장과(Ich weiß nicht, warum er nicht kommt.) weil 부문장이다. 우리는 2장에서 부문장에 관한 텍스트 두 개와 dass-부문장에 관한 내용을 인용하였다.

부문장의 문장구조는 이미 의문사와 weil-부문장에서 연습하였고 또 설명하였다.

부문장

의문사가 오는 부문장

Nebensätze mit Fragewörtern

Wissen Sie, *warum* Herr Berger mit dem Taxi fährt? – Ich weiß nicht, *was* ich falsch gemacht habe. – Auf den Verkehrsschildern steht, *wie* schnell die Autos fahren dürfen.

	Warum kommt Peter heute nicht? Ich weiß es nicht.
Ich weiß nicht,	warum Peter heute nicht *kommt*.
	Wann fährt der Zug in München ab? Ich muß fragen.
Ich muß fragen,	wann der Zug in München *abfährt*.
	Wie hat Ihnen der Film gefallen? Ich frage Sie.
Ich frage Sie,	wie Ihnen der Film *gefallen hat*.
	Was muß ich denn noch kaufen? Sag es mir bitte!
Sag mir bitte,	was ich noch *kaufen muß!*
	Wieviel Uhr ist es denn? Ich möchte es wissen.
Ich möchte wissen,	wieviel Uhr es *ist*.

1. **부문장**에서 정형동사는 **문장 끝에** 위치한다.
   분리 동사는 분리되지 않고 함께 온다.
   주문장과 부문장사이에는 항상 콤마가 온다.
   부문장의 주어는 대부분 접속사뒤에 온다. 대명사만이 그사이에 온다 (. . . , wie Ihnen der Film gefallen hat).

2. 접속사로서 의문사를 가지고 있는 부문장은 대부분 주문장을 따른다. 의문문의 양태어는 떨어져 나간다 (Wie viel Uhr ist es denn?). 부정대명사는 (Ich weiß **es**.) 부 문장 앞에서 떨어져 나간다.

weil-부문장

Der Fahmusste ıßte stark bremsen, *weil* ein Kind über die Straßc lief.
Der junge Mann brauchte das Auto, *weil* er einen Ausflug machen wollte.
Der Polizist stoppte den Wagen, *weil* der Fahrer zu schnell gefahren war.
Warum (weshalb) darf Herr Berger nicht mehr Auto fahren? – *Weil* er zu schlecht sieht.

a) Hauptsatz I II III E		*b) Nebensatz* I II III	E
Er trug eine Brille.	Er fiel mir auf,	weil er eine Brille	trug.
Es ist schon spät.	Er muß jetzt gehen,	weil es schon	spät ist.
Er fährt heute ab.	Er hat keine Zeit,	weil er heute	abfährt.
Er hat mir geholfen.	Ich muß ihm helfen,	weil er mir	geholfen hat.
Er will heute arbeiten.	Er kommt nicht,	weil er heute	arbeiten will.

weil-접속사를 가진 부문장은 "warum? weshalb 왜?" 라는 질문에 대한 원인을 말한다.

weil-접속사는 주문장 뒤에 위치한다.

출처 Griesbach (1976), 149-150

과제 7

24쪽의 교재분석을 위한 설명을 다시 한 번 읽고 dass-부문장 도입을 위한 텍스트로서 다음 예시 문을 평하시오.

Der Straßenverkehr

Gestern hat mich auf der Autobahn eine Polizeistreife gestoppt. Ich wußte nicht, was ich falsch gemacht hatte. Aber die Polizisten wollten nur meinen Führerschein und die Wagenpapiere sehen. Dann überprüften sie die Kennzeichen, sagten: „Danke, alles in Ordnung!" und ich konnte weiterfahren.

„Wissen Sie, warum Herr Berger jetzt immer mit dem Taxi fährt?"
„Ja, sein Wagen ist nicht mehr zugelassen.
Er hat ihn abgemeldet, weil er nicht mehr Auto fahren darf – wegen seiner schlechten Augen. Und er will nicht, daß sein Sohn fährt."
„Aber warum nicht? Fritz kann doch Auto fahren."
„Ja, er kann fahren, aber er darf nicht, weil er noch nicht 18 ist."

Marktstraße–Gerberstraße, das ist wirklich eine gefährliche Kreuzung. Gestern ist schon wieder ein Unfall passiert. Ein Radfahrer hatte nicht beachtet, daß die Ampel für ihn Rot war, und ist mit einem Pkw zusammengestoßen und vom Rad gefallen. Zum Glück ist dem jungen Mann nicht viel passiert. Er ist gleich wieder aufgestanden; er war nicht verletzt. Aber das Rad war natürlich ganz kaputt; es war ein Sachschaden von 150 Mark entstanden.
„Ich habe so stark gebremst", sagte der Autofahrer, „ein Glück, daß der Wagen nicht ins Schleudern geraten ist."

Ich habe in der Zeitung gelesen, daß gestern nacht in der Königsstraße drei Autos verschwunden sind. Ich wohne auch in der Königsstraße und parke mein Auto vor meiner Haustür. In der Nacht bin ich immer wieder ans Fenster gegangen und habe die Straße beobachtet.
Aber ich habe keine verdächtigen Personen gesehen. Niemand hat sich lange auf der Straße aufgehalten. Warum? Vielleicht, weil es zu stark geregnet hat. Vielleicht, weil mein Auto nicht interessant genug ist. Am Morgen stand mein alter, grauer VW wie immer vor der Haustür.

출처 Griesbach (1976), 146

Nebensätze mit „dass“ (dass-부문장)

1. Wir fahren im Sommer nach Spanien. *Das* ist jetzt sicher. – *Es* ist jetzt sicher, *dass* wir im Sommer nach Spanien fahren.
   Hat der junge Mann das Auto gestohlen? *Das* ist möglich. – *Es* ist möglich, *dass* der junge Mann das Auto gestohlen hat.
2. Mein Freund fliegt morgen ab. Ich weiß *es*. – Ich weiß, *dass* mein Freund morgen abfliegt.
   Ein Fußgänger läuft über die Straße. Der Fahrer sieht *es* nicht. – Der Fahrer sieht nicht, *dass* ein Fußgänger über die Straße läuft.
3. Köln ist eine schöne Stadt. Ich habe *davon* gehört. – Ich habe *(davon)* gehört, *dass* Köln eine schöne Stadt ist.
   Wann schreibt Robert endlich einen Brief? Wir warten *darauf*. – Wir warten *darauf*, *dass* Robert endlich einen Brief schreibt.

1. **dass**-부문장은 **주격**이다 (예: es(das) ist sicher.
   이때 주격인 **es**는 대부분 문장에 존재한다. (das-es)
2. **dass**-부문장은 **목적격**이다 (예: ich weiß es).
   이때 목적격인 **es**는 생략한다.
3. **dass**-부문장은 전치사의 **목적어**가 된다.
   이것은 부문장에서 자주 존재한다. (wir warten darauf, dass).

Übung 6 *Bilden Sie Nebensätze mit* dass!

Sie kommen heute zu uns. – Es ist nett, dass Sie heute zu uns kommen.

1. Ich habe Gisela kennengelernt. **2.** Sie bringen mir Blumen mit. **3.** Wir treffen uns heute. **4.** Sie helfen mir bei meiner Arbeit. **5.** Sie bringen mir das Buch so schnell zurück.

Er kommt morgen. – Ich weiß, dass er morgen kommt.

6. Köln ist eine große Stadt. **7.** Die Buchmesse findet in Frankfurt statt. **8.** Ich muß in Mainz umsteigen. **9.** Der Mann hatte eine karierte Jacke an. **10.** Ich darf keinen Kaffee trinken. **11.** An einer Kreuzung muß man langsam fahren.

Übung 7 *Verbinden Sie die Sätze mit* dass!

1. Ich kann nicht mit euch fahren. Das ist schade. **2.** Wir haben heute Peter getroffen. Das war sehr nett. **3.** Robert hat so lange nicht geschrieben. Das ist mir unbegreiflich. **4.** Inge gibt Peter die Telefonnummer. Das gefällt Gisela nicht. **5.** Der Autofahrer hat das Verkehrszeichen wirklich nicht gesehen. Das ist möglich.
6. Das Wetter wird morgen schön. Ich hoffe es. **7.** Meine Schwester kommt morgen mittag. Meine Mutter hat es geschrieben. **8.** Ihr Zug kommt um 14.32 an. Ich habe es im Fahrplan gelesen. **9.** Ein PKW ist mit der Straßenbahn zusammengestoßen. Fritz hat das erzählt. **10.** Eine Frau wollte über die Straße gehen. Der Fahrer sah es zu spät. **11.** Ich habe Schokolade mitgebracht. Die Kinder haben sich darüber gefreut. **12.** Er muß das Formular sofort zurückschicken. Hoffentlich denkt er auch daran. **13.** Im Urlaub fahre ich zu meinen Eltern an die Nordsee. Sie freuen sich schon darauf. **14.** Inge ist gestern allein ins Kino gegangen. Wir haben uns darüber gewundert. **15.** Helfen Sie diesem armen Mann! Ich bitte Sie darum.

출처 Griesbach (1976), 151-152

위의 텍스트는 일인칭형식의 교통질서안내 및 교통사고, 그리고 자동차도난등에 관한 보고서이다. 여기서 누가 누구에게 어떤 이유에서 보도하고 있는지는 언급되어 있지 않다. 이 텍스트는 많은 부문장을 내포하고 있다. 예문들의 나열순서가 규칙적으로 되어 있다. (1. 일격의 dass-문장, 2. 사격의 dass-문장, 3.전치사구와 관련된 dass문장) dass-부문장은 텍스트의 주제와 직접적인 연관성이 없다. "도로교통"이라는 주제는 원칙적으로 바꿀 수 있다.

규칙 익히기를 한 후에 두 개의 연습문제가 뒤따라온다. 부문장의 문장구조는 이미 본 장의 인과 문장(weil)과 의문사를 가진 부문장(Ich weiß nicht, wo er ist.)에서 연습했다. 두 연습문제 6,7번은 학습자를 강하게 조정한다. 학습자는 주어진 규칙에 따라 부 문장을 만들고(연습 6) 두 주문장을 하나의 주문장과 부문장으로 전환시킨다(연습 7). 이러한 연습문제는 학습자가 규칙을 이해했다는 사실을 전제로 하기 때문에 연습문제를 해결할 때 규칙을 정확하게 사용해야 한다. 학생들은 가정법인간이라는 질문을 받고 주제에 대해 생각했을 때, 내용의 맥락이 자주 이 문장에서 저 문장으로 바뀐다.

여러분은 이러한 수업 체계를 잘 인식했을 것이다. 이것은 문법 · 번역식 교재에서 전형적으로 나타난다.

문맥화 된 예

(문법이 텍스트로 "꾸려 넣어 진다")

⇩

설명과 예문들

(예문들은 텍스트의 문장에서 온다)

⇩

문법구조 설명

(규칙 설명과 개관)

⇩

연습을 통해 익힌 규칙 사용

가끔씩 연습 마지막부분에 모국어를 외국어로 번역하라는 문제가 주어지는데 이때에는 문법규칙을 적용하게 한다. 이와 같은 방식에서 문법·번역 식이라는 이름이 주어졌다. 여기서 관찰한 교재에는 이러한 연습문제가 나오지 않는다.

실습을 위한 조언: 연습문제를 보면 어떤 수업방식의 교재인지 알아차릴 수 있을 것이다.『의사소통적인 독일어 수업의 연습형태(Neuner 1981)』에 다음과 같은 문법-번역 식 연습문제유형의 특성이 명시되어 있다:

문법번역방법의 연습유형

- 규칙에 따라 맞는 문장을 만들기 (규칙 적용)
- 맞는 형태를 집어넣기 (빈 칸 텍스트)
- 형태론적 문법범주에 따라 문장을 변형하기 (능동문에서 수동문으로 등등)
- 번역: 모국어에서 독일어로, 독일어를 모국어로

출처 Neuner (1981), 11

이러한 형식의 전형적인 연습문제설명은 다음과 같다:

- so dass로 결과문을 만드세요!
- 동사의 완료형을 집어넣으세요.
- 술부를 올바른 위치에 집어넣으세요!
- 질문을 만드세요! 등등

과제 8

비교 해보세요: 여러분이 사용하고 있거나 혹은 잘 알고 있는 외국어교재에 이와 비슷한 연습문제들이 나와 있나요? 이러한 표현들을 몇 개 써 보세요!

____

____

____

____

____

____

____

연습문제의 형태와 내용과 관련하여 몇 가지의 의문점이 남는다. 이렇게 강하게 조종된 형태의 연습문제를 통하여 문법구조를 익힌 후에 학습자들은 문법을 정말 자유자재로 적용할 수 있을까? 모든 문법연습문제들은 주제와 연관성이 없는 문장에서 문법규칙을 적용하는 이러한 유형이여야만 하는가? 혹은 다른 대안이 있는가?

이러한 연습유형이 어떠한 문제를 초래할 수 있는가를 다음의 예에서 볼 수 있다.

이러한 교수법으로 잘 알려진 교재에서 수동태를 만드는 연습문제의 설명이 다음과 같이 나와 있다:

> 다음 문장들을 수동태로 만드세요!
> 이때 시제에 주의 하세요 (현재형, 과거형, 완료형, 미래형) !

우리들은 독일어 교수법에 관한 독일 및 외국어 교사 세미나에서 참가자들에게 연습문제에서 아래의 예문 18번을 변형시키라고 했다.

Er hat es sicher nicht machen können

출처 Griesbach (1955), 116

침묵이 흐르고 난 후 참가자들이 과제 풀기를 시도한다: *Er hat es sicher nicht gemacht werden können.* 마침내 한 중국인 독일어 교사가 첫 번째 시도에서 성공한다.

예문 15번(*Ihr wollt sie sicher gern in Ruhe lassen*)과 13번(*Du hast sie ihm vorstellen sollen*)은 몇 몇 참가자들에게 어려운 듯했다.

위의 예문이 보여주는 것은, 독일 참가자의 경우와 같이 문법구조를 '무의식중에' 습득하였다 하더라도 연습문제에 있는 문장들을 곧바로 규칙에 적용하여 풀기가 쉽지 않다는 것이다. 이러한 이유는 연습문장이 실제적으로 문맥상 연관성이 없으므로, 이러한 문장이 어떠한 내용적 연관관계 속에서 의미를 갖는지를 생각해내기 힘들기 때문이다.

문법 · 번역 교수법의 교재는 아래와 같이 요약하여 기술할 수 있다.

이 교수법의 가장 중요한 학습목표는 항상 언어체계를 전달하는 것에 있다. 학습자는 규칙들을 익히고 적용할 수 있어야 한다. 학습향상 진단을 위한 모든 시험의 목표는 당연히 문법적 지식을 증명하는 것이다. 어떤 과가 시작될 때 우선 텍스트와의 연관 속에서 새로운 문법 구조들이 사용된다. 이어서 이러한 구조가 문법의 일부분으로 소개되어 설명되고, 그 다음은 연습문제를 풀게 된다.

지금까지 문법·번역 교수법 교재의 특성들을 살펴보았다. 물론 다른 점도 있는데 이러한 것은 아래와 같은 요인에서 오는 것이다:

➤ 서로 다른 나라 및 기관에서 서로 다른 조직과 교육과정의 틀 속에서의 독일어 수업

➤ 교재생산에 있어서 다른 기술적 조건 및 경제적 조건들

➤ 개인 요인들, 예를 들어 저자의 "필적"

문법에 관한 소개 및 연습 형태들은 실제적으로 수업진행을 미리 결정한다.

많은 경험에서 이러한 수업의 긍정적인 면과 부정적인 면을 아래와 같이 말할 수 있다:

많은 학생들이 문법의 추상적인 메타어를 잘 다룰 수 있다. 이들은 이러한 문법용어들을 모국어 수업에서 이미 배웠을 것이다. 이러한 인지적 작업이 해당 학습자들의 나라 및 문화의 학습전통에 맞을 수도 있을 것이다. 다른 과목에서도 빠르고 체계적으로 습득하는 학생들은 이러한 방식의 수업에서도 문제가 없을 것이다. 이러한 수업을 통해 학생들은 외국어의 언어 체계를 신속하게 이해할 수 있다. 또한 명료한 수업목표는 학습자들이 새로운 문법정보를 비교하고 분류할 때 도움이 된다. 학생들은 수업목표

를 알고 있어 수업시간에 무엇을 해야 하는지, 즉 문법적으로 올바른 문장을 만들어야 한다는 사실을 알고 있다.

다시 말하면 이러한 교수법을 통해 배운 사람은 모국어와 다른 외국어의 규칙에 대한 지식을 가지고 있으나 종종 말은 거의 못한다거나, 풍부한 문법지식에 반해 일상회화에서 많은 실수를 범한다. 이러한 방식으로 언어를 배운 사람은 또한 교재내의 텍스트들의 내용은 별로 중요하지 않게 생각하고, 그러한 텍스트에 녹아 있는 문법만을 찾으려고 한다. 심리학적으로 이러한 교수법은 학습 동기 면에서도 부정적으로 작용한다. 학습자들은 대부분 도달하기 힘든 것 — 책의 언어 — 과 힘겹게 싸우기를 강요당한다. 여기서 우리가 묻고 싶은 것은 학습자들이 이러한 문법을 따라 하려고 할 때 어떠한 오류를 얼마나 많이 범하는가 하는 것이다. 바로 이러한 오류는 점수와 직접적으로 연관이 된다. 외국어에 흥미가 있으나 실수가 많고, 언어 실력이 약한 학생은 이러한 평가시스템에서는 설 자리가 없다. 문법-번역 교수법에 긍정적인 경험을 가진 외국어 교사들 대부분은 예전에 이러한 수업에서 우수한 학생들이었거나 이러한 형태의 학습을 많이 해본 경험이 있는 사람들이다.

위에서 언급된 학습문제들은 새로운 교수법 개발의 필요성을 확인시켜주었고 이제 이러한 문제들에 대한 대안을 제시하겠다.

3.2 문법 없이 언어 배우기 - 청각구두 · 시청각 교수법의 교재

서로 다른 교수법을 잘 비교하기 위해서 우리는 “dass-부문장”을 문법주제를 선택했다. 이 문법주제와 관련하여 이 장을 제 3.1장의 분석과 비교해 볼 수 있다.

과제 9

1967년도 Braun, K. 등에 의해 쓰여진 외국어로서의 독일어에서 인용된 예문을 잘 살펴보길 바란다!

우선 선택된 주제와 텍스트 종류 (신문기사, 보고 혹은 대화문 등) 그리고 두 교재의 각 장에서 사용된 언어 (문어 혹은 구어)를 비교해 보세요!

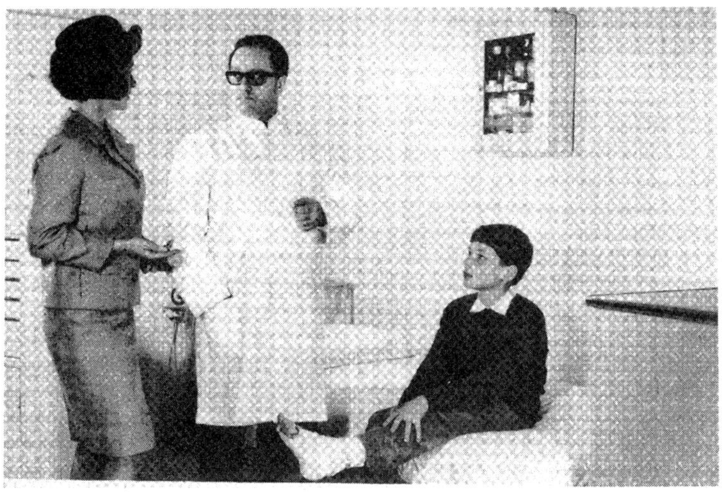

17 Beim Arzt

Stefan hat sich den Fuß verletzt und kann nicht gehen. Frau Hartmann hat ihn zum Arzt gebracht. Dr. Wagner untersucht ihn. Er kann aber nicht feststellen, ob der Fuß gebrochen ist oder nicht. Darum muß er den Fuß durchleuchten.

Dr. Wagner: Ein Glück, daß der Knöchel nicht gebrochen ist.
Stefan: Muß ich liegen, Herr Doktor?
Dr. Wagner: Eine Woche mindestens.
Stefan: Gut, daß keine Ferien sind!
Dr. Wagner: Wir werden sehen, daß du bald wieder gesund wirst.
Frau Hartmann: Sagen Sie mir bitte, was ich tun muß.
Dr. Wagner: Sorgen Sie nur dafür, daß er das Bein ruhig hält, und rufen Sie mich morgen an, wie es ihm geht.
Frau Hartmann: Ist recht, Herr Doktor, und vielen Dank!
Dr. Wagner: Auf Wiedersehen, Frau Hartmann! Und gute Besserung, mein Junge!

mein Junge!

Stefan hat sich den Fuß verletzt.
Dr. Wagner untersucht ihn,
kann aber nicht feststellen,
ob der Fuß gebrochen ist oder nicht.

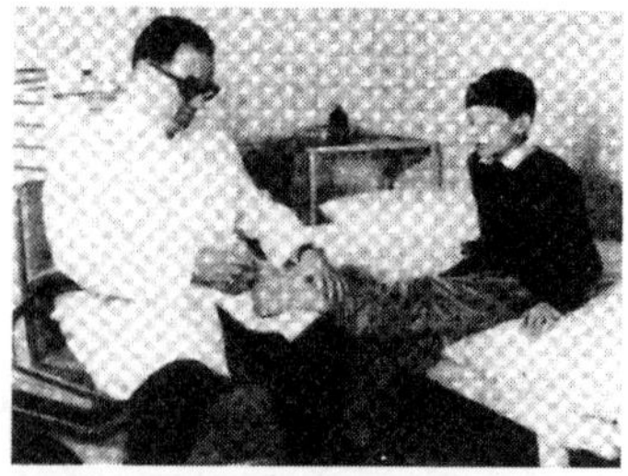

Der Doktor hat den Fuß geröntgt
und sagt:
Es ist ein Glück,
daß der Knöchel nicht gebrochen ist.

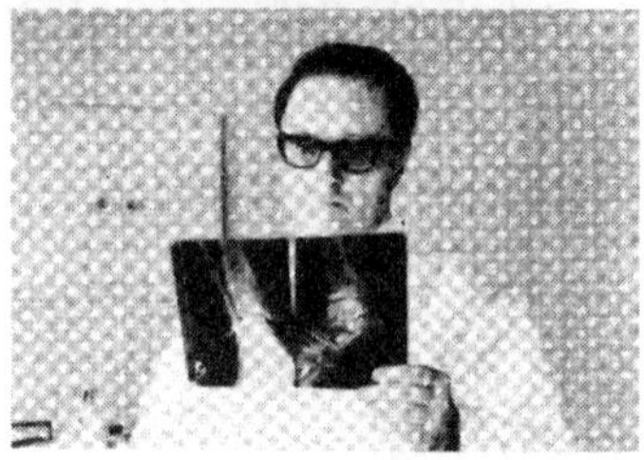

출처 Braun (1967), 92-93

Stefan meint, es ist gut,
daß keine Ferien sind.
Der Arzt will sehen,
daß Stefan bald wieder gesund wird.

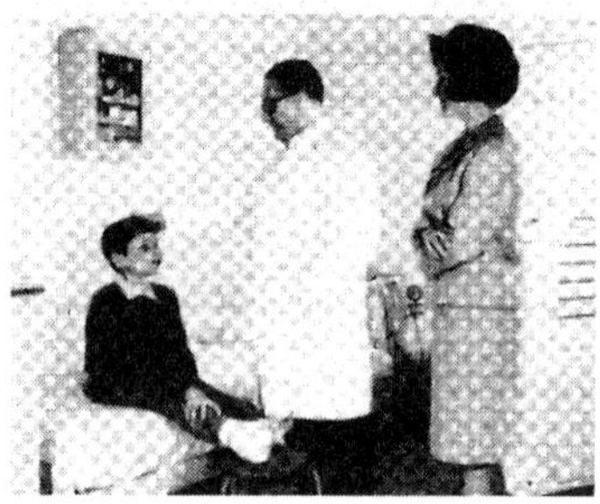

Frau Hartmann fragt Dr. Wagner,
was sie tun muß.
Sie will ihn anrufen und sagen,
wie es Stefan geht.

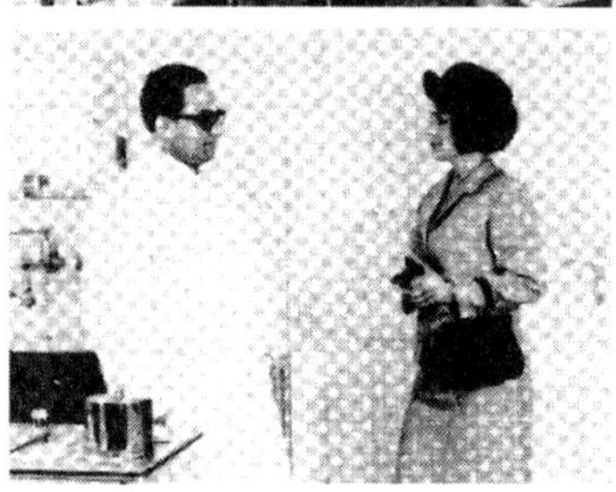

출처 Braun (1967), 93

제 3.1장의 텍스트인 “Straßenverkehr 도로교통”은 일인칭-화자시점의 서술 텍스트이다. 이 텍스트는 실제로 서로 연관관계가 있는 텍스트라기보다는 문법 설명을 위한 예문들의 집합이라고 하겠다.

“Beim Arzt 병원에서”의 텍스트는 짧은 서문과 대화문 그리고 네 개의 사진에 대한 짧은 텍스트들로 되어 있다. 이속에는 학습해야 할 구조 하나가 별도로 소개되어 있다. 주어진 상황인 “Beim Arzt 병원에서”는 부문장 사용이 그다지 필요하지 않는 듯 하며 어떤 때는 이러한 문장의 사용이 어색한 경우도 있다(예: Wir werden sehen, dass...). 실제로 의사와의 대화상황에서는 신체부위에 대한 낱말이나 어디가 어떻게 아픈가를 설명할 때 사용되는 언어 수단 등이 중요하지, dass-부문장은 별로 중요하지 않을 듯하다.

과제 10

앞 장으로 돌아가서 과제5의 연습문제지를 다시 한 번 살펴보세요. 아래의 교재의 예시문을 7(선지식), 8(학습자 활동), 9(교사활동) 그리고 10(수업단계)과 연관하여 분석해 보세요!

1 Bitte ergänzen Sie:

Ich komme.	Er sagt, daß er kommt.
Ich bleibe.	Er sagt, ...
Ich gehe mit.	Er sagt, ...
Ich rufe dann an.	Er sagt, ...
Ich muß noch arbeiten.	Er sagt, ...
Kommt ihr?	Er fragt, ob wir kommen.
Bleibt ihr hier?	Er fragt, ...
Geht ihr ins Kino?	Er fragt, ...
Ruft ihr noch an?	Er fragt, ...
Könnt ihr kommen?	Er fragt, ...

2 Verbinden Sie die Sätze mit „daß" oder „ob":

Ich frage: Ist er da?	Er fragt, ob er da ist.
Ich glaube, sie ist krank.	Er glaubt, ...
Ich meine, wir haben noch Zeit.	Er meint, ...
Ich frage: Seid ihr morgen zu Haus?	Er fragt, ...
Ich denke, wir können das machen.	Er denkt, ...

3 Wiederholen Sie die Übung. Beginnen Sie „Er hat gefragt, ob er da ist".

4 Bitte antworten Sie „Ich weiß nicht, ...":

Wann kommt er?	Ich weiß nicht, wann er kommt.
Wohin geht er?	Ich weiß nicht, ...
Was macht sie?	Ich weiß nicht, ...
Warum schreibt sie nicht?	Ich weiß nicht, ...
Wie lange bleibt er?	Ich weiß nicht, ...
Was hat er gesagt?	Ich weiß nicht, ...
Wo bleiben sie denn?	Ich weiß nicht, ...

5 Wiederholen Sie die Übung. Beginnen Sie „Wann er kommt, weiß ich nicht".

출처 Braun (1967), 94

텍스트 유형 및 연습문제 형태에 관하여, 문법 · 번역 식의 교재와 위의 교재 예 사이에 결정적인 차이점을 발견할 수 있다. 청각구두 · 시청각 교수법으로 된 교재의 텍스트는 대화문으로 되어 있고, 문법 · 번역식 교재는 설명문으로 되어있다. 그리고 연습문제 설명에서도 문법 용어들이 사용되어 있지 않아 학습자들이 이전 교재 보다는 더 쉽게 이해할 수 있으며, 예가 주어져 있어 학습자들이 쉽게 문장을 변형시킬 수 있다. 즉, 학습자들은 문법규칙을 기술할 필요가 없다. Neuner/Krüger/Grewer(1981)의 『Übungstypologie zum kommunikativen Deutschunterricht 의사소통방식의 독일어 수업을 위한 연습 유형』 책에서 청각구두 · 시청각 교수법의 연습유형의 특징을 다음과 같이 말하고 있다.

시청각 교수법의 연습유형

- 패턴 연습 (많은 변형에서)
- 문장전환도표
- 치완 연습 문제
- 채우기 연습 (텍스트의 빈칸 채우기)
- 그림으로 조정된 끼워 넣기 연습 / 대화 연문
- 대화 장면을 재생산하고 역할극하기
- 전환연습문제
- 문장성분을 가지고 문장 만들기

출처 Neuner (1981), 12

과제 11

문법 번역식 방법과 청각구두 · 시청각 교수방식의 중요한 연습유형이 적힌 목록을 가지고 여러분이 알고 있는 교재를 비교해 보세요. 어떠한 연습유형들이 주류를 이루고 있나요? 교수법에 따라 교재의 연습문제를 분류할 수 있나요?

위에서 관찰한 두 교수법의 교재들 사이의 차이는 우연한 것이 아니라 심리학 및 교육학 그리고 60년도의 언어학의 발전의 결과라고 할 수 있는데, 특별히 언어학은 외국어 수업방법에 직접적으로 영향을 주었다.

교수법의 역사에 관해서는 Gerhard Neuner와 Hans Hunfeld의 『Methoden des fremdsprachlichen Deutschunterrichts 외국어로서의 독일어 수업방법』의 책에 상세하게 설명되어 있으므로, 우리는 이 자리에서는 짧게 요약을 해 보려고 한다. 만약 실제적 문법작업에 더 관심이 있다면 아래의 생각 산책을 뛰어 넘어도 된다.

생각 산책: 청각구두 · 시청각 교수법의 교재

위의 예에서 본바와 같이 청각구두 · 시청각교수법에서는 학습자의 대화 언어능력이 중요하다. 이러한 교수법의 교재에서 가장 많이 찾아 볼 수 있는 텍스트유형은 대화문이다. 이러한 교재의 가장 두드러진 첫 번째 특징은 다양한 학습 자료들이 제공된다는 것이다. 문법번역 방식의 교재에서는 실제의 억양이 녹음된 카세트 외에 다른 보충자료들을 학습자들에게 제공할 필요성이 없었으나 청각구두 · 시청각교수방식의 교재에서는 연습문제지, 카세트, 그림, 슬라이드 사진들이나 언어지도용 영화 등이 제공된다.

이러한 차이의 원인으로는 외국어수업과 관련된 학문들인 심리학, 교육학 그리고 언어학의 발전과 60년대의 기술발전을 들 수 있다.

언어학에서는 문어보다는 구어에 관심을 가지고 있기 때문에 교재의 텍스트유형은 대화문이 거의 독점적이다.
치환법은 기술 언어학에서 중요한 분석방법의 하나로서의 한 낱말을 다른 낱말로 바꾸는 방식으로 다른 단어들과 비교하여 이 낱말의 특징을 알아 낼 수 있다.

간단한 예:

Das Haus집 besteht 되다 / aus로 / rotem 빨간 / Sandstein 벽돌

'besteht 되다' 라는 단어는 'ist이다'로 치환될 수 있으며, 'die Mauer담벽'으로는 대치될 수 없다. 이것은 'besteht'와 'ist'는 동일한 낱말 군에 속함을 의미한다. 'Das Haus집은' 'rot빨간'이 아니라 'das Denkmal기념비'로 치환할 수 있다.

이러한 이유에서 청각구두 · 시청각교수법의 교재에서는 위의 이러한 연습형태가 매우 자주 사용되었으며, 가끔은 이러한 연습문제만이 존재한다.

30년대 부터 심리학연구에서는 언어습득이 문법규칙의 이해와 사용을 통하여서 이루어지는 것이 아니라 언어의 모방, 보편화 그리고 차별화하는 것을 통하여 이루어진다는 가설이 주목 받기 시작했다.

간단한 예를 제 일 언어습득에서 살펴보자.

어린 아이가 태어나서 첫 해에는 여러 가지 소리를 낸다. 어른들이 대부

분의 소리에 반응하지 않으므로 아이들은 한 번 발음해보고 잊게 된다. 그러나 엄마가 아이의 Mamama와 같은 어떤 특정한 소리결합에 대해 관심을 보이게 되며 이것은 아이에게 일종의 보상으로 작용한다. 그래서 아이는 이 소리를 다른 소리보다 더 자주 사용하게 되고 긍정적으로 강화된다. 이렇게 자극-반응 (소리 + 강화) 현상이 일어난다.

이러한 행동주의 이론은 외국어수업에도 많은 영향을 끼쳤다. 즉 규칙을 이해하고 사용하는 것은 훈련받는 것이 아니라, 자극-반응으로서 언어행위를 훈련해야한다는 것이다. 교사나 전자 매체가 자극을 주면 학생은 반응한다는 것이다. 이러한 자극은 그림이나, 소리 혹은 음향적인 신호가 될 수 있다. 일단 자극-반응의 결합현상이 생겨나면 가끔씩 강화반응이 있더라도 바라던 언어행위가 지속될 수 있다. 그러므로 외국어 능력을 기르는 것과 행동 훈련 프로그램은 연관관계를 가지게 된다. 이러한 맥락에서 언어 습득의 목표도 정해지게 되고 언어습득 단계 또한 이러한 방법으로 정해졌다. 이러한 교수법에서는 외국어 규칙목록을 이해하는 것은 필요하지 않으며 도리어 방해요소가 될 수 있다.

이러한 통제 가능한 행동-훈련프로그램을 지향하는 점에서 60년대 초기의 교육과 하는 행동주의자들과 되었다:

- 학습목표위주와
- 객관화에서
- 프로그램화 까지

50년대에서 60년대까지의 기술혁신은 교육학, 언어학 그리고 심리학, 무엇보다도 언어실습실의 발전을 가능하게 하였다. 이러한 어학 실습실은 치환 연습 문제를 할 때 객관적이고 프로그램화된 훈련도구이기 때문에 자극제와 교정원으로서 매우 이상적으로 보였다.

청각구두 · 시청각교수법의 장점은 무엇보다도 언어학습자들이 초급언어수업시간에 복잡한 규칙을 알지 못하면서도 맞는 문장들을, 다시 말해 모방된 문장들을 구사할 수 있다는 사실에 있다. 복잡한 문장들도 연습문제유형을 선택하여 연습하면, 문법규칙을 몰라도 곧바로 사용할 수 있게 된다. 이것은 학습자들이 문장을 따라하면서 사용하게 된다는 것이다. 이러한 방식의 교재는 교사와 학습자들 사이에서 매우 인기가 있었다. 48쪽 이외에도 이러한 교수법은 다양한 매체의 수업자료를 제공함으로써 흥미있고 변화 있는 수업을 할 수 있게 하였다.

그러나 이러한 방식의 교수법은 다른 한편으로 학습자들이 학습과정에서 조종된 객체취급을 받게 된다는 문제를 가지고 있다.

그보다 더 큰 문제는 다음과 같다. 만약 언어습득과정 전체가 이러한 방식으로 계획된다면 모국어수업에서 문법규칙을 이해하고 적용하는 것을 인지적으로 학습하는 것에 익숙해진 학습자들은 그들의 개별적 학습법과 욕구가 이러한 교수법 틀 내에서는 고려되지 않으므로 학습하는데 지장을 받게 된다. 교재가 학습자와 교사를 동시에 조정하므로, 이들은 수업시간에 주어진 학습프로그램에 따라 "움직이게 된다". 그러므로 수업준비와 수업시간에 대한 책임은 실제적으로 교사에게 있는 것이 아니라 교수프로그램에 있는 것이다.

또 다른 문제는 교재기획차원의 문제인데, 바로 이점은 이 책에서 인용된 교재 『Deutsch als Fremdsprache』의 예에서 볼 수 있다. 본 교수법의 특성상 이들 교재들은 우선 주변에서 일어날 수 있는 상황에서의(Beim Arzt 병원에서 / Am Bahnhof역에서 등등) 일상 대화를 소개하면서 동시에 독일어의 기본문법을 소개하고 있다. 이러한 기본문법은 예에서 보았듯이, 목차에서 체계적으로 소개되어 있지는 않지만, 교재의 일상대화텍스트에서는 개별 문법주제가 지배적이었다. 이 책의 44쪽에 있는 텍스트 예에서 볼 수 있듯이, dass-부문장들이 이 상황에 어색함에도 불구하고 도입되었다.

청각구두 · 시청각교수법과 문법 · 번역식 교수법을 비교해 볼 때, 전자의 교수법이 많은 장점들에도 불구하고 학습자의 인지적 학습과정을 간과하고 있는 등 많은 단점을 가지고 있다.

3.3 청각구두 · 시청각 교수법 독점 시대의 종말 – 의사소통적 접근방법의 교재

70년대 말과 80년대 초의 많은 교재들 속에서 위에 언급되었던 청각구두 및 시청각 및 문법 번역 식의 교과과정들이 가지고 있는 문제점들을 수정보완하려는 시도를 엿볼 수 있었다.

교재내의 이러한 변화는 학습현장의 경험에서 비롯된 것이고 이외에 청각구두 · 시청각교수법이 등장할 때와 마찬가지로 하나의 새로운 혁신의 바람이 불어왔는데, 이것은 언어학과 사회학의 의사소통연구를 다루는 학문영역의 발전에서 비롯되었다.

우리는 앞에서처럼 이러한 방식의 교재에서 dass-부문장을 골라 소개하기로 한다.

과제 12

A. 앞으로 돌아가 교재분석에 관해 다시 한 번 읽으세요.

B. 『Deutsch konkret』의 텍스트 예에서 이 점들을 분석해 보세요.

C. 제 3.1장과 3.2장에 나와 있는 다른 교재들의 분석과 비교해 보세요. 어떠한 점이 동일하고 어떠한 점이 다른가요?

1

Die Familie Gleim hat ein großes Haus und einen Garten, zwei Schweine und eine Kuh. Im Sommer gibt es viel Arbeit. Bettina erzählt, daß ihr Vater bei der Post arbeitet. Ihre Mutter ist Hausfrau. Bettinas Großvater wohnt auch im Haus. Bis 1965 war er auch bei der Post.

Bettina geht in die siebte Klasse der Hauptschule Ronshausen. Sie findet, daß Deutsch und Mathe Spaß machen.

Bettina hat ein eigenes Zimmer und einen Schreibtisch. Sie macht hier Hausaufgaben. Am Nachmittag trifft sie oft Claudia und Silke. Sie spielen dann Tischtennis oder sitzen im Garten. Bettina hat eine Schwester, Waltraud. Waltraud ist 18. Sie hat einen Freund und ist oft nicht zu Hause.

Die Eltern von Matthias haben eine Wohnung in der Marktstraße. Sein Vater arbeitet in einer Fabrik. Seine Mutter arbeitet im Supermarkt an der Ecke. Matthias findet es nicht gut, daß er keinen Bruder hat. Aber er hat viele Freunde.

Matthias geht auf das Friedrich-Wilhelm-Gymnasium. Er geht in die achte Klasse und ist fast 15. In der Schule hat er oft Probleme: Er sagt, daß er in Mathe eine 5 hat.

Die Hausaufgaben macht Matthias im Wohnzimmer. Sein Zimmer ist sehr klein. Er spielt oft Fußball mit Dirk, Jens und Uwe. Im Sommer gehen sie auch schwimmen.

Matthias sagt, daß er im Juli mit Dirk und Jens nach Italien fahren möchte. Sie wollen campen. Aber er fürchtet, daß er das nicht darf.

10

출처 Neuner (1984) 10

1. Nebensätze mit "daß"

	Jeans **sind** praktisch.
Ich finde, daß	Jeans praktisch **sind**.
	Bananen **schmecken** gut.
Ich finde, daß	Bananen gut **schmecken**.
	Ich **bringe** mein Fahrrad **mit**.
Er sagt, daß	er sein Fahrrad **mitbringt**.

2. Direkte und indirekte Rede

	"**Ich** komme aus Frankreich."
Er / Sie sagt, daß	**er** / **sie** aus Frankreich kommt.
	"**Wir** kommen aus Frankreich."
Sie sagen, daß	**sie** aus Frankreich kommen.
	"Das ist **mein** Buch."
Er / Sie sagt, daß das	**sein** / **ihr** Buch ist.
	"Das ist **unser** Buch."
Sie sagen, daß das	**ihr** Buch ist.

13

출처 Neuner (1984) 13

Ü16 Wie findest du Jeans?

Ich finde, daß Jeans eine Schuluniform sind.

Ich Er Sie	find	e, et,	daß .....
	mein	e, t,	

Jeans sind schick.

Curry-Ketchup schmeckt furchtbar!

.....

Man braucht eine Schuluniform!

Bananen schmecken fantastisch.

Jeans sind eine Schuluniform.

Bahnfahren macht Spaß.

Trampen macht Spaß.

.....

Schinken-Nudeln schmecken ausgezeichnet.

Ü17 Wie findest du Biologie?

Ich finde, daß Biologie nicht interessant ist.

Physik

Mathematik

Biologie

Schifahren

Tischtennis

Englisch

Tanzen

.....

.....

..... macht (keinen) Spaß.
..... ist (nicht) langweilig.
..... ist (nicht) interessant.

Ü18 Luisa: "Deutsch konkret" +

Luisa sagt, daß sie "Deutsch konkret" gut findet.

..... Tanzen:
..... Schwimmen:
..... Trampen:
..... Arbeiten:

+

Franco: "Deutsch konkret" –

Franco sagt, daß ...

..... Tanzen:
..... Schwimmen:
..... Trampen:
..... Arbeiten:

–

출처 Neuner (1984) 14

교재에 있는 텍스트들은 두 명의 청소년들과의 대화를 짧게 요약한 것이다. 몇몇 발화 문들은 간접문으로 표현되었다. dass-부문장을 도식적으로 설명한 것은 학습자들에게 부분장의 형태 (동사가 문장의 끝에 옴)를 잘 보여줄 뿐만 아니라 dass-문장의 두 가지의 중요한 사용영역에 대해서도 언급하고 있다. 한 예로는 간접 화법으로 쓰일 때인데, 번역이나 의견을 말할 때 (ich finde, dass ...), 삼인칭의 화자의 말을 전달한 것을 말한다. 이러한 인터뷰에 관한 텍스트는 제 3.2장에서 인용된 병원의 대화상황과 다르다. 본 장에서는 dass-부문장이 직접화법의 대화문에서 사용된 것이 아니라 대화문을 다시 전달할 때 사용된다. 이러한 수업에서 학습자는 예시텍스트의 예문들을 반복할 필요도, 문맥상 동떨어진 문장들을 재생산할 필요도 없다. 연습문제의 모든 예문들은 학습자들이 자주 말을 하는 친숙한 문장들로 구성되어 있다. 이러한 문장들은 학습자들에게 내용적으로 의미가 있으며, 또한 수업시간외에도 사용할 수 있다.

문법 설명에 대하여: 두 가지의 개관들은 서로 상이한 기능을 가지고 있다. 첫 번째 문장 표는 타원형과 정사각형의 도식적 기호로 부문장에서 동사의 위치를 나타내고 있다. 두 번째 것은 여러 가지 기능을 가지고 있다. 우선 간접 문에서의 dass-문장의 사용이 도식적으로 잘 설명되어 있는데, 이때 여러 가지 기호도 함께 사용되어 있다. 그리고 직접 화법에서 간접화법으로 문장을 전환할 때, 일인칭 대명사를 삼인칭 대명사로 바꿔야 하는 문법적 문제를 다루고 있다.

의사소통적 외국어 수업과 관련하여 하나의 통일된 이론이 없기 때문에 앞 장에서와 마찬가지로 이러한 교수법으로 쓰여진 전형적인 교재를 예를 들어 언급하고자 한다. 여기서 의사소통적 문법수업의 다섯 가지의 원칙을 찾아 볼 수 있다.

a) 언어 행위를 위한 도구로서의 문법

의사소통적 교수법에서 문법구조는 그 근거를 들어 도입되며 연습을 하게 된다. 이러한 교재는 문법구조가 어떻게 구성되는 가를 보여줄 뿐만 아니라, 이러한 구조가 왜, 그리고 특별히 어떠한 문맥에서 자주 사용되는지를 또한 보여주고 있다. 위의 예에서 문법은 말을 다시 전달하기 위하여 사용되듯이, 문법은 이것을 가지고 언어로 무엇을 하는 수단으로서 간주되어진다. 이렇듯 문법은 의사소통적 교수법에서는 자체가 수업목표가 되는 것이 아니라 목표를 달성하기 위한 수단, 즉 언어생산을 위한 **도구**가 되는 것이다.

b) 언어기술 대상으로서 말과 텍스트

만약 의사소통적 가설을 따른다면, 문법분석의 대상은 낱말과 문장의 차원만으로는 충분하지 않고, 발화와 전체 텍스트 또한 언어기술의 대상이 되어야 한다.

과제 13

병원의 대기실에서 한 환자에게 잡지를 건네 줄 것을 청하고자 한다면 뭐라고 말을 할 수 있겠는가? 가능한 말들을 써보세요!

____

____

____

____

____

____

정답으로서의 모든 표현구들은 서로 다르다. 그리고 화법동사가 자주 사용되는데, 항상 사용되는 것은 아니고, 가정법이나 의문문도 사용된다. 이러한 모든 말들은 '누군가에게 잡지를 줄 것을 부탁하는' 그러한 의도를 표현하고 있다. 이러한 예들은 말하는 의도와 사용된 문법구조를 명확하게 분류할 수 없음을 보여주고 있으며, 의도를 표현하는데 많은 표현 가능성이 존재한다는 사실도 말해 주고 있다. 외국어 수업에서 이러한 의도를 기술하는 것은 두 배로 유용하다.

학습자는 한 편으로 발화의도를 알게 될 때마다 금방 어떠한 문법구조를 어떤 목적을 위해 사용해야 하는지를 알게 된다. 또 다른 한편으로 학습자들은 교재를 통해 무언가를 표현하기 위해서 더 쉽거나 더 복잡한 대안적 표현들이 있음을 알게 된다 (무엇인가를 부탁하는 예).

c) **학습자들은 의미 있는 문맥상황에서 교재의 주인공으로서가 아니라 학습자 자신으로 말하고 행동한다.**

앞서 소개된 여러 교수법 교재들의 예문을 기억하고 있는가? 이들 연습문제의 문맥상황은 문장마다 달랐으며 학습자들은 문법형태에만 집중하였으며, 문장내용은 그렇게 중요하지 않았다. 그러나 의사소통적 방식의 교재 연습문제들은 원칙적으로 특정한 맥락과 연관관계를 가지고 있다. dass-문장의 예에서처럼 학습자들은 문법연습문제들을 해결하면서 종종 학습자 자신처럼 말하며 Schaudi부인이나 Hartmann씨로 **연극**할 필요가 없다.

d) 시각적인 학습도우미

모든 교재에서 문법규칙들은 일련의 그래픽과 기호로 설명되어 있다. 표에서 동사의 배열을 표시한 것이나 낱말이나 문장성분들의 변이형들을 **굵은 글씨체**로 표시하는 것 등을 예로 들 수 있다. 최근의 많은 교재에서 추상적 형태의 시각효과나 문장 형태의 시각화 대신에 (**굵은 글씨체**, <u>밑줄긋기</u>, *흘림체* 등등) 이러한 도구들을 더욱 빈번하게 사용하고 있다.

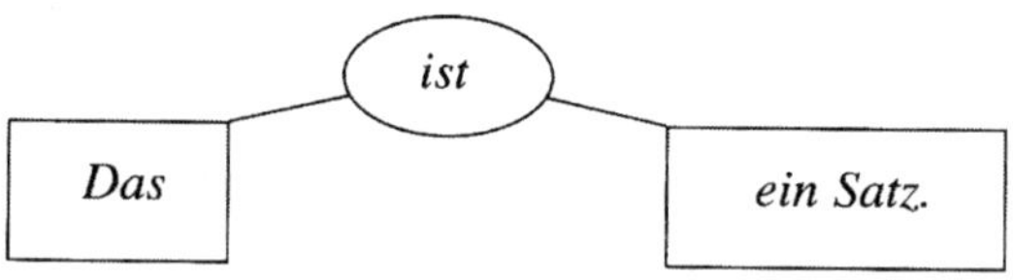

예를 들어 63쪽의 예처럼 문법규칙을 명확하게 보여주기 위하여 시각적인 기호가 사용된 것을 볼 수 있다.

더 많은 문법규칙의 시각화와 여러분의 수업을 위한 몇 몇 제안들을 두 번째 구성성분에서 찾을 수 있을 것이다.

d) 모국어 참작

지난 20여 년 동안 언어학의 많은 연구에서 제 이 언어 습득과정에서의 모국어 영향에 관한 여러 가설들이 있었다. 모국어와 외국어능력 사이에 연관관계가 있으며 학교 외국어수업은 항상 모국어를 기초로 이루어진다는 것은 분명하다. 그러나 이러한 사실을 고려하지 않고 심지어 단일 언어만을 촉구하는 그러한 외국어 수업은 두 언어를 서로 비교함으로써 이성적으로 외국어를 습득하고 오류를 적게 하는 그러한 가능성을 이용하지 못하게 하였다. 의사소통적 접근방법의 교재들은 이러한 가능성을 열어주었고 가끔은 이중 언어로 된 자료 (문법, 단어집, 연습문제집)등을 제공한다.

Mebus, G.u.a (1988)이 쓴 교재『Sprachbrücke 1』의 제 5장에서 학습자들을 자신의 모국어에 대해, 모국어와 방언과의 관계 그리고 자신의 나라에서 가르치고 있는 외국어들에 대해 생각해 보도록 한다. 문법을 설명할 때 모국어의 문법과 비교할 것을 권하고 있다. 이중 언어로 되어 있는 단어집은 영어 단어집처럼 (55쪽) 모국어로 번역된다.

이 책의 예에서 우리는 다음과 같은 사실을 알 수 있다:

문법수업에서 모국어를 사용하는 것은 언어적 혹은 경제적인 이유뿐만 아니라 (모국어로 설명하는 것이 더 빠르다) 무엇보다도 교육적인 이유 때문이다. 의사소통적 방식의 수업이란 학습자의 경험과 관심 그리고 욕구들을 고려한 수업을 말한다. 이러한 경험들은 학습자들이 모국어학습에서 한 것이고 모국어와 결합되어 있다. 학습자의 경험들을 신중하게 고려하고 수업에 포함시킨다는 것은 그들의 모국어를 신중하게 생각하고 수업시간에 포함시킨다는 사실을 말한다. 이러한 사실은 또한 모국어수업에서의 문법지식과 경험에도 해당된다.

의사소통적 방법의 교재에서 모든 문법 기술이 완벽하다는 것은 아니다. 우리가 교재를 살펴본다면 많은 변이들이 있으며, 잘된 시도들도 있고 잘못된 것도 있다. 이 단락에서 언급했던 원칙들은 의사소통접근방식의 교재들을 다른 방식의 교재들과 차별화되게 만든다.

	die Zahl, -en	number
A 9	der Architektenwettbewerb, -e	competition for architects
	zeichnen (du zeichnest, er zeichnet)	*here:* design, plan; sketch, draw
	die Klasse, -n	class
	Stellen Sie es in der Klasse vor!	Present it to the class.
B 1	die Kardinalzahl, -en	cardinal number(s)
	Zählen Sie bitte weiter!	Please carry on counting.
	zählen	to count
	weiterzählen	to count on further
	die Million, -en	million
	römische Zahlen	Roman numerals
	arabische Zahlen	Arabic numerals
B 2	die Hausnummer, -n	house number
	die Telefonnummer, -n	telephone number
	die Paßnummer, -n	passport number
	die Kontonummer, -n	account number
	die Kursnummer, -n	number of the course
	die Bibliotheksnummer, -n	library number
	die Zimmernummer, -n	room number
	die Personalnummer, -n	personal identity number *(In countries where people carry identity cards.)*
	die Steuernummer, -n	tax number *(Each person's personal number on all papers dealing with tax.)*
	die Nummer, -n	number

In English the word "number" is used generally, whereas in German **Zahl** *is used for counting in single or specific numbers (eg.* meine Glückszahl = my lucky number) *and* **Nummer** *is used for the "whole number" (eg. on a passport, a telephone or a room number).*

Bin ich nur eine Nummer?	Am I only a number?

출처 Jenkins (1989), 22

Hans Jürgen Krumm은 의사소통접근방식의 독일어수업에서의 문법연습에 관한 핵심을 다음과 같이 말하고 있다.

> 많은 나라에서 독일어를 문법 때문에 매우 어려운 언어라고 간주한다. 문법수업을 좀 더 강력한 의사소통적 방식의 수업과 결합시킴으로, 그리고 학습자 자신의 체계적 능력을 통하여 학습자들의 독일어에 대한 두려움을 떨쳐 버릴 수 있으리라고 생각한다....

출처 Krumm (1988), 38

04

"Bausteine": Stichwörter zur pädagogischen Grammatik

구성성분들, 교육문법에 관한 핵심어들

첫 번째 구성성분

4.1 문법진도–무엇부터? 그 다음에는 무엇이?

언어를 가르치는 교사에게 위와 같은 질문이 필요한가? 문법의 진도, 다른 말로 하면 도입해야 할 각각의 문법규칙을 선택하고 배열하며 어떤 것을 다른 것보다 더 강조하는 것은 교재에 이미 다 결정되어 있지 않나? 적어도 이 부분에 대해서라면 교재의 목차를 그냥 따르면 안 되는 것인가? 문법의 순서는 그 언어의 특성 자체에서 저절로 결정 되는 것이 아닌가? 학습과정의 체계를 망가뜨리지 않으면서 변화를 시킬 수 있을까?

첫 번째 구성성분에서에서는 위의 질문 모두를 다루려고 한다. 세부적으로는 이 부분에서

- 몇 개의 교재에서 진도가 어떻게 되어 있는지 조사 비교하고
- 순서를 결정하는 기준을 투명하게 제시하고
- 순서에 어떻게 변화를 줄 수 있는지 수업방안을 구체적으로 보이고
- 그렇게 함으로써 교사가 스스로 자료를 수집하고 만드는 데에 도움을 주고자 한다.

다음 표는 각 교재의 1권에서 어떤 문법주제들이 도입되었는가를 함께 보여주고 있다.

Deutsche Sprachlehre für Ausländer
(Schulz/Griesbach)

Artikel
Verb: Präsens,
Verb: "sein" Personalpronomen
Verb + Adjektiv
Nomen (Substantiv): Singular / Plural / Akkusativ /
Fragepronomen Verb: "haben" Imperativ
Der Satz /
Verb: Präsens der starken Verben
Verb + Vorsilbe / Wortstellung /
Präpositionen: in, nach, bis, über, von
Negation /
Nomen / Dativ
Fragepronomen "wem"
Possessivpronomen /
Präpositionen mit dem Dativ / mit dem Akkusativ
Zeitadverb:
Wortstellung
Modalverben: Wortstellung
Personalpronomen: Wortstellung
Demonstrativpronomen
Frageadverbien: "wer" / "wo" "wohin"
Präpositionen mit dem Akkusativ und dem Dativ
Der Genitiv
Das Präteritum
(Imperfekt)
Reflexivpronomen
Perfekt
Formen der starken Verben
Wiederholung und Ergänzung der Deklination
Imperativ
Personalpronomen "es"
Präpositionen mit dem Genitiv
Verben legen / liegen, setzen / sitzen, hängen, stecken im Präteritum und im Perfekt
Verben mit Präpositionen
Präpositionen mit Pronomen
Präpositionen mit Pronominaladverb
Adverbien *hin* und *her*
Unbestimmte Pronomen
Wortstellung
Adjektivdeklination
welcher? was für ein? ja-nein-doch
Starke Verbformen
Plusquamperfekt
Nebensätze
Nebensätze mit Fragewörtern
Nebensätze mit *weil*
Nebensätze mit *daß*
Starke Verbformen
Artikeldeklination der Adjektive
Relativpronomen, Relativsätze

Sprachkurs Deutsch (Häussermann)

Präsens
Nominativ: Nomen und Pronomen
Der Hauptsatz:
Einige Satzbaupläne
Bestimmter und unbestimmter Artikel
Adjektiv im Prädikat
Adjektiv beim Nomen
Singular und Plural
Präsens: Verben auf -ieren
Verben auf -ten
Frage und Antwort
Modalpartikel auch, gern
Negation: ja - nein - doch
Ja-Nein-Frage,
W-Fragen: einige Satzbaupläne
Akkusativ: Nomen und Pronomen
Negativer Artikel (kein)
Possessivum (mein)
Präsens: haben
Adjektiv im Prädikat
Adjektiv beim Nomen
Modalverben möchten, können, müssen, wollen, dürfen
Demonstrativum (dieser)
woher? wo? wohin?
Präsens: starke und schwache Verben
Zeitangaben: um / am / im
Lokalpartikel
Temporalpartikel
Hauptsatz: einige Satzbaupläne
Präsens: trennbare Verben
ist / war - hat / hatte
Komparativ
Dativ: Nomen, Pronomen, Fragewörter
Verbvalenz: Verb + N, Verb + N + A, Verb + N + D, Verb + N + A + D
Perfekt mit *ich bin*
Perfekt mit *ich habe*
Perfekt: starke und schwache Verben

Themen
(Aufderstraße u.a.)

Aussagesatz
Wort- und Satzfrage
Inversion
Imperativ
Konjugation Präsens Singular und 3. Pers. Plural
Personalpronomen Singular und 3. Pers Plural
wer? wie? woher?
Verben und Ergänzungen
Verben und Angaben
Modalverb "mögen"
was? wie lange? wie alt? wo?
Deklination (Nominativ, Singular, Plural)
Indefiniter und definiter Artikel
Definitpronomen der / die / das
Verben mit Qualitativergänzung
Deklination (Akkusativ des definiten und des indefiniten Artikels)
Pluralbildung der Nomen
Mengenangaben
Inversion
Imperativ Singular und Plural
Verben mit Vokalwechsel
Verben mit Verbzusatz
Modalverben können, müssen, mögen
Präpositionen mit Akkusativ
Situativergänzung
Komparation
welcher? welche? welches?
Dativergänzung
Verben mit Dativ- und Akkusativergänzung
Verben mit Dativergänzung
Präpositionen mit Dativ / mit Akkusativ Wechselpräpositionen
Wechselpräpositionen
Possessivartikel
Modalverben dürfen, sollen, wollen
Perfekt mit haben oder sein
Perfekt regelmäßiger Verben, Sonderformen
Präteritum von sein und haben

출처 Griesbach (1976), 9-11 Häussermann (1978), V-VI Aufderstraße (1983), 5-6

과제 14

차례를 가지고 작업하기. 세 권의 교재의 문법진도를 비교하고 공통점과 차이점을 찾으세요.

1. **범위**: 어떤 목차에 문법규칙에 대한 정보가 가장 많이 들어 있을까요? 그 이유를 이 책에서 얻은 정보를 가지고 설명할 수 있나요? 16 쪽부터의 차례와도 비교해 보세요.

2. **용어 / 강조하는 부분**: 용어체계상에서의 차이가 보이나요? '보족어', '과거형', '명사'의 표현에 주의하세요! 각각의 차례에서 무엇이 강조되어 있는지 (품사, 문장구조, 동사 등)를 찾아낼 수 있나요?

3. 세부 비교: 한 가지 영역에 대한 진도를 서로 비교해 보세요.

a) 시제: 문법규칙의 도입 순서를 목록으로 만드세요!

Schulz /Griesbach (Dt. Sprachlehre)

Häussermann (Sprachkurs Deutsch)

Aufderstraße (Sprachkurs Deutsch)

b) 격: 어떠한 격들이 어떤 순서로 도입되나요?

그런데 여러분이 현재 사용하고 있는 교재에서는 시제와 격이 어떤 순서로 도입되어 있나요?

과제 15

교재 1권을 비교해 보면 공통점이 많은가요? 아니면 차이점이 많은가요?

여러분이 사용하는 교재 순서를 위의 교재들의 순서와 비교해보면, 어떤 책과 가장 비슷한가요? 그 이유는 무엇인가요?

Griesbach, H./Schulz의 저서 『Deutsche Sprachlehre für Ausländer 외국인을 위한 독일어』의 제 1권과 『Zertifikat DaF』에 대한 2권의 책은 의심할 여지 없이 가장 방대한 문법과제를 가지고 있다. 이 책은 또한 문법규칙들이 강조되어 있고 연습할 수 있게 되어 있으나 언어행위나 대화상황 진도계획에 대해서는 언급되어 있지 않다. 또한 어휘 습득 진도도 자세히 보지 않으면 알 수 없게 되어 있다. 방대한 양에도 불구하고 이 책은 놀랍게도 많은 허점을 가지고 있다. 형용사의 경우, 수식적 용법의 형용사어미 변화는 소개되어 있으나 형용사의 비교급은 나와 있지 않다. 그런데 이러한 용법은 모든 언어교사들이 잘 알다시피 일상 회화을 위하여 필요하며 또한 학습자들이 배우기 그리 어렵지 않다.

이 책의 다른 곳에서도 문법학습 순서를 정할 때에 어떠한 문법구조가 말을 할 때 중요하고 많이 사용되고 있는가 하는 점은 그다지 중요하게 고려되지 않고 있다. 예를 들자면 동사의 과거형과 2 격은 일상회화에서 거의 사용되지 않으나, 자주 사용되는 완료형이나 dass-부문장보다 훨씬 앞서 소개되고 있다. 어려운 문법 구조를 균형 있게 분배하는 것에 대해서도 매번 주의를 기울이지 않는 듯하다. 예를 들어 명사변화와 명령형이 서로 연관성이 없으며 또한 학습하기에 어려운 구조들인데도 같은 장에 소개되어 있다.

Häusermann의 저서 『Sprachkurs Deutsch』는 문법진도상 위의 교재와 비교할 볼 때 훨씬 단순하다. 예를 들어 양태 사를 다루고 있다는 것은 구어가 고려되고 있다는 것을 의미한다. 이러한 이유에서 2 격이 먼저 다뤄지지 않고 있다. 시제에서도 일상회화에서 더 중요하게 사용되는 완료형이 과거형보다 먼저 배우게 되어 있으며 동사를 다루는 순서에서도 이러한 차이를 발견할 수 있다. Schulz와 Griesbach의 교재에서 동사들은 낱말차원으로 다뤄지고 있는데 반해 (동사변화, 분리 및 비분리 동사, 강/약변화동사) Häusermann의 책의 목차에서 동사들이 문장성분 및 보충정보들과 함께 소개되고 있다. 예를 들어 동사의 결합가라는 핵심어에서 어떠한 동사

가 어떠한 격을 요구하는지 그리고 동사들이 몇 개의 보충어를 필요로 하는지를 설명하는 등을 동사와 문장과의 연관관계에서 소개되고 있다.

교재『Themen』의 목차에서도 이러한 점을 찾아 볼 수 있다. 이 책에서도 동사가 전철과 동사어근의 모음교체현상 그리고 동사 어미와의 연관관계에서 설명되고 있을 뿐만 아니라, 이러한 동사가 필요로 하는 보충어와 시간이나 장소 등의 정보 또한 함께 소개되고 있다. 다루고 있는 문법구조의 수에 관하여『Themen』과「Sprachkurs Deutsch」는 별 차이가 없다.

위의 교재와 대부분의 다른 교재들에서 격과 대명사가 도입될 때 주격-목적격-여격의 순서를 따른다. 소유격 동사는 거의 사용되어 지지 않으므로 (Sie gedachten der Toten.) 나중에 다뤄지게 된다. 격과 시제는 뒤에서 상세히 다뤄진다.

위의 세 교재의 진도를 비교해보면, 무엇을 강조하고 어떤 용어가 사용되었는가에 대해서 여러 차이가 존재하지만—Schulz/Griesbach의 책을 제외하고는—그래도 공통점들이 더 많음을 알 수 있다. 완전한 초보자 (성인과 청소년)를 위한 교재들은 문법명칭은 다르다 할지라도 1권의 문법에서 서로 비슷한 영역을 다루고 있다: 품사 (명사, 동사, 형용사, 전치사, 관사, 대명사), 주문장 유형 (진술문, 의문문, 단어와 문장을 묻는 의문문), 시제로는 현재형과 완료형, 격으로는 주격, 목적격, 여격이 다뤄진다.

지금 언급한 문법구조와 규칙들은 다양한 상황의 언어행위에서 자주 사용된다는 공통점을 가지고 있다.

결론

초보자용 교재의 문법내용은 별 차이가 없으나 명칭이나 배우는 문법규칙의 순서에서 그 차이를 보인다. 교재내에서 문법을 배우는 순서는 사실이 그렇기 때문에라는 이유로 설명될 수 있는 그런식의 순서는 없다. 그러므로 교재에 주어진 순서는 교사와 학습자들이 변경해도 학습과정에 피해를 끼치지 않는다.

그렇다면 문법규칙과 구조의 도입순서는 무엇으로 결정되는가? 이에 대한 세 가지 핵심 근거를 격의 예를 들어 보이기로 한다.

첫 번째 기준: 언어체계상의 근거

(언어체계와 관련하여 어떤 순서를 이끌어 낼 수 있는가?)
주격은 문장에서 주어의 역할을 하므로 서술문에서 가장 앞에 나온다(시간 부가어와 같은 자유 부가어가 없다면). 대부분 동사들은 문장에서 보충어로 주격을 요구한다. 그래서 가장 많이 사용되는 보충어로서 주격이 목적격보다 먼저 소개된다.

두 번째 기준: 교수법적인 근거

(무엇이 더 쉬운가? 무엇이 더 어려운가?)
주격은 격변화를 할 필요가 없어서 가장 배우기 쉽다. 주격을 도입하고 나면 목적격을 배우는 것이 쉬운데, 그 원인은 목적격과 주격의 차이가 여격과 주격의 차이만큼 크지 않기 때문이다. 그러므로 주격-목적격-여격의 순서는 배우기에 쉬운 순서이다.

세 번째 기준: 실용적인 근거

(주어진 주제와 관련하여 학습자가 언어를 사용하는 데에 무엇이 도움이 될까?)

학습자가 자신과 상대방에 대해 외국어로 가장 먼저 하는 말들, 예를 들어 인사말은 주격을 사용하여 할 수 있다. 사물이나 그곳에 있지 않은 사람에 대해 이야기할 때에는 목적격이나 여격이 필요할 때가 많다.

교과 과정에서 어떤 구조를 어떤 시기에 도입할까를 결정할 때 위의 세 가지의 요소가 중요한 근거가 된다.

명사의 격을 도입하는 시기에 대해 여러 저자들이 의견 일치를 보이는 것은 설명하기가 쉽다. 언어체계상의, 교수법적인, 실용적인 근거들은 동일한 습득 순서를 말한다.

어쩌면 여러분은 지금 여기에 모국어라는 기준이 빠졌다고 생각할 지도 모르겠다. 외국어의 구조가, 예를 들면 독일어의 문장구조가 학습자의 모국어와 얼마나 다른가 하는 점이 이 구조가 어느 시기에 도입되어야 할지를 결정하지 않을까? 라는 질문을 할 수 있겠는데 우리는 이 질문에 "아니오"라고 대답하겠다. 외국어의 규칙이 모국어와 얼마나 다른가, 수업시간에 어려움이 많거나 적을까 하는 질문은 필요한 연습의 양과 문법 설명의 규모에 대해 영향을 미치기는 하나, 문법도입 시기를 결정하지 않는다.

가장 좋은 예가 문장구조이다. 독일어의 통사규칙은 많은 학습자들에게 상당히 어려운데, 그 이유는 그들의 모국어에서 이와 비슷한 규칙을 찾을 수 없기 때문이다. 예를 들어 터키어 화자는 두 언어 사이의 큰 차이 때문에 심각한 문제를 가지게 된다. 그러나 서술문, 의문문, 종속문을 도입하는 시기가 되면 이러한 것은 터키어 학생들에게 아무런 영향을 끼치지 않는다. 여기서 필요한 것은 두 언어를 대비하고 이에 대해 자세히 설명을 하며 또한 오류 분석을 통해 그 원인을 다루는 연습을 충분히 하는 것이다.

문법도입순서를 결정하는 기준에 대해 좀 더 이야기하도록 하자. 문법

구조를 도입하는 시기에 관한 위의 세 가지 기준이 '명사격의 예'의 경우 동일한 결과를 가져와서 교재 사이에서도 공통점이 비교적 많았다. 하지만 결과가 서로 일치하지 않는 경우도 많다. 시제가 바로 그런 예이다.

언어체계상의 이유로 모국어 교재에서는 라틴어 학교문법의 영향을 받아 오랫동안 단순 시제, 즉 조동사 없이 형성되는 시제를 먼저 다루고 그 다음에 복합시제, 즉 haben, sein, werden 조동사가 필요한 시제(완료형, 과거완료형, 미래형)를 다루었다. 실용적이고 언어사용을 고려한 이유는 이 경우에서는 고려되지 않았다. 하지만 문법구조의 사용범위와 사용빈도를 생각한다면 완료형을 아주 일찍 도입해야 할 것이다. 독일어 구어에서는 완료형으로 — 다른 언어에서와 달리 — 과거의 지나간 사건은 무엇이나 표현할 수 있다. 교육적인 이유에서도 마찬가지이다. 실용적이고 학습자의 경험을 고려하는 언어수업이라면 학습자들은 사실 첫 시간에 이미 그들의 출신지와 경험에 대해 말할 수 있어야 한다. 이 경우에도 완료형이 필요하다. 하지만 완료형을 만드는 규칙은 단순하지 않다. 우선 과거 분사형을 만드는 방법을 알아야 하고 또 다른 한편으로는 조동사 haben을 취해야 할지, sein을 취해야 할지를 알아야 한다. 그래서 대부분의 교재들은 완료형을 일권 마지막, 그러니까 흔히는 첫 해가 다 갈 때에야 비로소 소개하고 있다.

다른 대안 책으로서 완료형을 여러 곳에 나누어 단계적으로 소개하는 방법이 Scherling의 『Deutsch hier (독일 거주 외국인노동자를 위한 책)』에서 소개 되어 있다. 4장이 다음과 같은 순서로 되어 있다.

2. Perfekt

a)

Dieter	**arbeitet**		.
Dieter	**macht**	Hausaufgaben.	
Dieter	**hört**	Musik.	

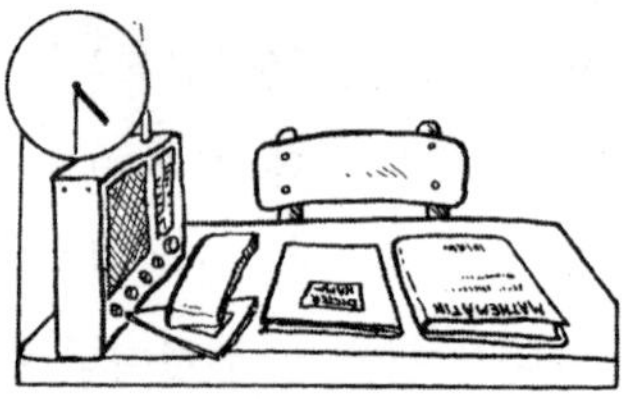

Dieter	**hat**		**ge**	**arbeit**	**et**	.
Dieter	**hat**	Hausaufgaben	**ge**	**macht**	**t**	.
Dieter	**hat**	Musik	**ge**	**hör**	**t**	.

완료형에 대한 문법체계가 제 10장에서 계속하여 보충 설명 된다:

1. Das Perfekt (⟶ 4D2)

	1		2		1		2
Ich	bin			Ich	habe		
Er	ist	zum Kiosk	gegangen.	Er	hat	eine Zeitung	gekauft.
Wir	sind			Wir	haben		
	sein	+	**Partizip**		**haben**	+	**Partizip**

2. Perfekt mit "sein"

Manfred	**ist**	nach Italien gereist.
Er	**ist**	zu Lorenzo gefahren.
Die beiden	**sind**	durch die Stadt gegangen.
Sie	**sind**	im Restaurant gewesen.
Ich	**bin**	nach Ankara geflogen.
Sie	**ist**	spät nach Hause gekommen.

Perfekt mit "haben"

Dieter	**hat**	gearbeitet.
Er	**hat**	Hausaufgaben gemacht.
Tino	**hat**	Kisten getragen.
Karl	**hat**	ihm geholfen.
Ich	**habe**	meinen Ring verloren.
Sie	**haben**	den Paß gesucht.

출처 Scherling (1982), 62 및 144

교재의 4장에서 완료형을 부분적으로 도입하여 체계화하는 것은, 완료형을 가능한 한 일찍 도입해야 하는 의사소통상의 필요와 학습자들에게 복잡한 형태를 너무 일찍 요구하지 않는다는 언어적인 필요 사이의 훌륭한 해결책이다. 여기서는 haben과 결합하는 규칙적인 형태가 먼저 취급되었다. 나머지는 그 책의 마지막 장에서 다루고 있다.

하지만 완료형이 비교적 뒤에 나오면서 (예를 들어 2학년에), 그리고 한꺼번에 모든 형태가 나오는 교재를 가지고 가르친다면 (sein/haben, 규칙적인 과거 분사 형과 불규칙적인 과거 분사 형) 어떻게 해야 할까? 이런 경우의 수업 안에 관한 한 가지 제안을 제시하고자 한다.

수업제안 1

완료를 나누어서 도입하기 / 규칙적인 형태를 미리 당기어 소개하기

여기서 우리가 제시하는 방안은 어느 교재에도 적용하여 사용할 수 있다. 이것을 위한 전제조건으로는 학습자들이 40시간의 독일어 수업 시수를 이수한 상태로 인칭대명사와 수사를 알고 전치사 몇 가지를 알고 있어야 한다.

두세 시간에 걸친 수업의 의사소통상의 학습목표는 이런 것들이다.

- 자신의 생애, 출신지와 과거에 대해 말할 수 있다.

문법적인 학습목표는

- 규칙 동사 몇 개의 완료형, 그리고 sein 동사의 과거형을 1인칭 단수와 복수에서 익히고 사용한다.

수업준비

학생들이 첫 수업시간에 어느 정도 친숙해진 다음과 같은 동사들을 선택 한다.

leben / wohnen / arbeiten / heiraten / kaufen / machen / lernen / studieren

평생교육원의 성인학습자들을 위해 우리는 다음과 같은 지문텍스트를 예시로 만들었는데, 이 텍스트에는 동사의 완료형 외에도 자신의 생애에 대해 이야기할 때 쓸 수 있는 단어가 많이 소개되어 있다.

Mein Name ist Klaus Dreher. Ich bin aus Wildeck. Das ist ein Dorf in Nordhessen.Ich habe dort 20 Jahre gelebt. Wir waren drei Kinder, zwei Brüder und eine Schwester. Mein Vater hat dort einen Bauernhof. Meine Schwester lebt auch heute noch in Wildeck. Sie hat dort geheiratet. Mein Bruder Jens arbeitet bei der Bundesbahn. Er war erst in Bebra und ist jetzt in Frankfurt. Mein Bruder Alfred lebt in Kiel.

Ich bin jetzt 43. Martina, meine Frau, ist 39. 1970 haben wir geheiratet. Meine Frau kommt auch aus Wildeck. Wir haben eine Tochter, Miriam, und einen Sohn. Er heißt Daniel.

Von 1982 bis 1985 haben wir in Kassel gelebt. Seit 1985 leben wir in Hannover. Ich habe drei Jahre in Kassel bei VW gearbeitet. Meine Frau hat den Haushalt gemacht. Dann war ich ein Jahr arbeitslos. An der Volkshochschule habe ich in dieser Zeit das Programmieren gelernt. Jetzt wohne ich bei Hannover. 1987 haben wir dort ein Haus gekauft. Miriam lebt noch in Kassel. Sie hat Abitur gemacht und studiert jetzt Kunst. Alle sagen, sie hat viel Talent.

위와 같은 텍스트지문을 가지고 다음과 같이 수업을 진행한다.

단계 1: 텍스트를 가지고 작업하기

학습자는 조용히 지문텍스트를 읽고 독해능력을 테스트하는 두 개의 연습문제를 풀게 되는데, 다음 연습예제에 따라 문제를 풀던지 혹은 다른 독해에 관한 문제를 선택해도 된다.

연습문제 1 (수용적)

다음 중 틀린 문장에 줄을 그으세요!

1. Klaus ist aus Nordhessen.

2. Er und seine Frau haben zwei Jahre in Kassel gelebt.

3. Sein Vater war Bauer.

4. Er har drei Jahre in Hannover gearbeitet.

5. Seine Schwester lebt noch in Wildeck.

6. Seine Frau kommt auch aus Wildeck.

7. Sein Bruder arbeitet jetzt in Bebra.

8. Frau Dreher ist arbeitslos.

9. Die Tochter von Familie Dreher studiert Kunst in Kassel.

연습문제 2 (수용적-재 생산적)

(이 연습문제에서는 학습자들이 스스로 완료형을 채우는 것이다. 다른 문장성분들은 주어져 있다.)

1. Klaus ist aus ......

2. Sein Vater ...... Bauer.

3. Sein Bruder Jens ...... jetzt in Frankfurt.

4. 1970 hat Klaus Martina ......

5. Er hat drei Jahre bei VW ......

6. Seine Frau ...... den Haushalt ....

7. Seine Tochter ...... Abitur gemacht.

8. Sie ist auf der Unversität und ...... jetzt Kunst.

9. Klaus hat an der Volkshochschule das Programmieren ......

연습문제 3 (재 생산적)

자서전을 쓸 때 알맞은 낱말들을 아래의 표에 모아 보세요.

숫자를 나타낼 때 사용되는 낱말들	동사들	자서전을 쓸 때 사용되는 기타 낱말들
von... bis	gelebt	Hannover

2. 수업단계: 학생들이 완료형에 관한 규칙 알아내기

위의 방식으로 학습자들이 텍스트지문과 낱말들을 익히고 실제로 분사형을 사용해보게 한다. 그리고 아래와 같은 도식을 칠판에 그려 학습자들이 동사형태의 변형을 인식하게 한다.

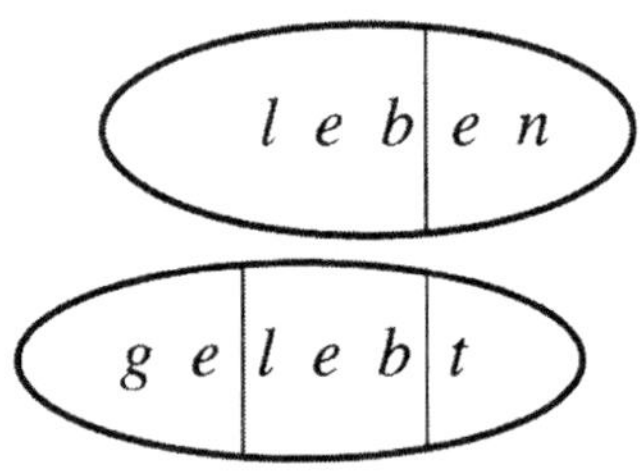

동사의 형태와 의미에서 어떤 것이 변형되었는지를 학습자들에게 묻는다. 그리고 변화된 규칙을 학습자들 스스로가 작성하도록 한다. 이때 여러분은 학습자들이 이 규칙을 다른 동사들에 적용하지 말 것을 당부한다. 이 전체를 우선 **동사의 과거형**이라고 지칭하도록 한다.

학습자들은 텍스트지문에서 동사의 모든 과거형을 골라 아래의 표의 예와 같이 동사의 부정형을 함께 쓰도록 한다.

연습문제 3 (재 생산적)

조별로 텍스트에서 동사들을 체계적으로 모아보세요.

텍스트의 동사들 (과거형)	동사부정형
________________	________________
________________	________________
________________	________________
________________	________________

학습자들이 war를 쓰면 이 낱말을 빼내어 칠판에 쓴다. 학생들이 자신의 텍스트에 이 예를 사용할 수 있도록, 동사의 부정형을 쓰고 두 개의 사용례 그 옆에 쓴다.

Beispiele:

Ich	*war*	*arbeitslos.*
		25.
		Bauer.
Wir	*waren*	*in Frankfurt.*
Das	*war*	*1970.*

지금까지 여러분은 낱말차원에서 작업하였다. 이제 문장차원에서 완료형을 설명하도록 해보자. 이번에도 학생들 스스로 규칙을 만들어야 한다.

다음의 예문들을 쓰고 연습문제 5를 칠판에 써보세요!

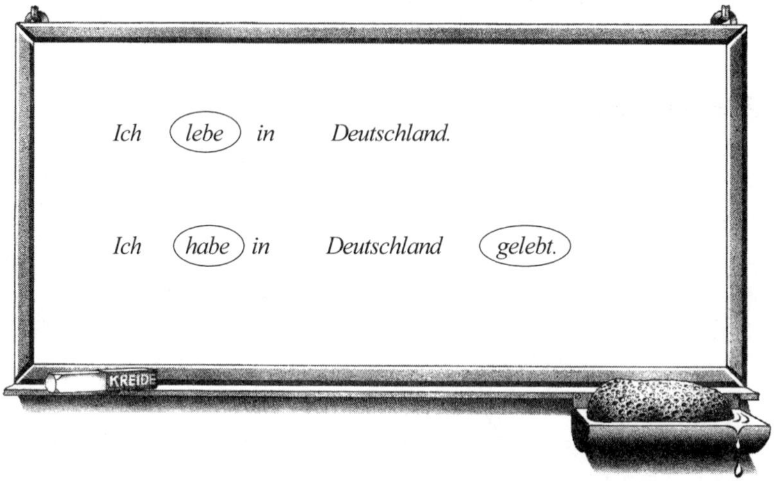

연습문제 5 (재 생산적)

아래의 예문들을 칠판에 보기와 같이 정렬하세요.

1. *ich / gelebt / in / Türkei / der / habe*
2. *Frau / seine / gemacht / den / Haushalt / hat*
3. *1963 / gelernt / habe / ich / Spanisch*
4. *1985 / gearbeitet / ich / von 1982 / VW / bis / habe / bei*
5. *vier/ ich / Urlaub/ habe / Woche / gemacht*

학습자들에게 문장내의 완료형 규칙을 스스로 만들도록 하게한다.

문법을 체계적으로 규칙화하는 마지막 단계에서 학습자들은 여기서 배운 모든 것을 도표에 쓴다. 이러한 문법 표는 대부분 교재에 있으나, 학습자들은 이제 이러한 문법 표를 스스로 만들 수 있다.

Infinitiv			Perfekt mit *haben*	
leben	*Ich*	*habe*	*in Hannover*	*gelebt.*
wohnen	*Er*	...	*in Bebra*	....
arbeiten	*Ich*	*habe*	*bei VW*	*gearbeitet*
...	...	*hat*	*ein Haus*	*gekauft.*
machen	*Wir*	*haben*	*Urlaub*	....
...	*Er*	*hat*	*Programmieren*	....
studieren	*Sie*	...	*Kunst*	....

주의! 모든 동사의 완료형 형태가 다 이러한 식으로 만들어지는 것은 아니다.

Mebus가 쓴 교재『Sprachbrücke』에서 학습자들이 텍스트 지문에서 이러한 방식의 표 만들기 과제가 있다. 만약 이 교재를 지금 가지고 있다면 문법 란을 참조해보기 바란다.

3. 수업단계: 배운 완료형을 사용하기 / 스스로 텍스트를 써보기

이러한 방식으로 완료형을 학습한 후, 학습자들이 사서전에 필요한 단어리스트를 한번 보게 한 후 자신의 자서전을 쓰게 한다. 이때 가급적 주어진 단어를 사용하도록 하게한다. 학습자들이 다른 동사형을 사용하거나 혹은 필요로 할 수 있기 때문에 학습자들이 조용히 작업하는 동안 교사는 각 학생들을 둘러보면서 교정해 준다.

연습문제 6 (생산적)

독일어로 자신에 대해 짧게 쓰세요! 우선 필요한 숫자와 단어 등 핵심 단어들의 리스트를 만드세요!

지금까지 우리는 교재와 상관없이 완료형을 소개하는 법에 대해 살펴보았다. 계속해서 이러한 방식으로 문법구조를 소개하는 또 다른 두 개의 예들을 잠시 보기로 한다.

수업제안 2

교재 없이 조동사를 소개하기

교재에서 조동사가 도입되기 보다 더 일찍, 아니면 다른 주제를 다루다가 조동사가 필요할 때가 흔히 있다. 이럴 때에 도로 표지 판이나 흔한 표시들을 사용하여 도입할 수 있다 (지시문 / 금지문 / 알림판).

1. 우선 학생들에게 몇 개의 표시판을 (폴리에로 소개하거나 칠판에 그린다) 보여주고 이 표시판을 설명할 것을 요구한다. 그러나 학생들이 조동사를 모르기 때문에 설명하는 것이 쉽지 않다. 이때 필요한 조동사를 칠판에 써줌으로 학생들을 도와준다.
2. 칠판에 십자로를 그린 후, 학생에게 두 대의 자동차와 한 명의 자전거 타는 사람을, 그리고 숫자를 써 넣으라고 한다. 그리고 학생들에게 "Wer darf zuerst fahren 누가 먼저 가도 되는가? — Wer muss warten 누

가 기다려야 하는가?" 한 학생이 계속하여 다양한 상황을 그리게 하고 다른 학생들은 대답하게 한다. 이러한 방식으로 können, dürfen, müssen 화법동사에 관한 예들을 모은다.

3. 화법동사에 관한 첫 번째 연습문제로 다양하게 변화시킬 수 있는 대화문 하나를 쓴다:

o *Wollen wir heute ausgehen?*
oo *Heute? Ich kann heute leider nicht. Aber morgen habe ich Zeit.*
o *Da habe ich leider ein Problem. Ich muss morgen arbeiten.*
oo *Und am Freitag?*
o *Nein, das geht leider auch nicht. Am Freitag will ich ....*
oo ....
o *Ja, da kann ich. Wollen wir........?*

이 자리에서, 문법구조의 시각화에 관한 제 4.2장에서 화법동사를 어떠한 상징과 기호를 사용하여 그리고 어떻게 시각화하여 설명하고 있는지를 한번 비교해 보길 바란다.

수업제안 3

여격의 소유관사[1)]를 도입하기

독일의 성탄절과 같이 사람들이 서로 선물을 주고받는 축일에 대해 이야기를 하기위하여 여격이 필요하다. 그런데 교재에서 여격은 나중에 나온다.

1) 원본에서는 "mein"을 소유대명사라고 소개되고 있으나, "mein"이 명사와 함께 오는 언어 환경으로 볼 때 소유관사가 옳은 듯하다.

제안: 칠판에 아래의 개요를 쓴다.

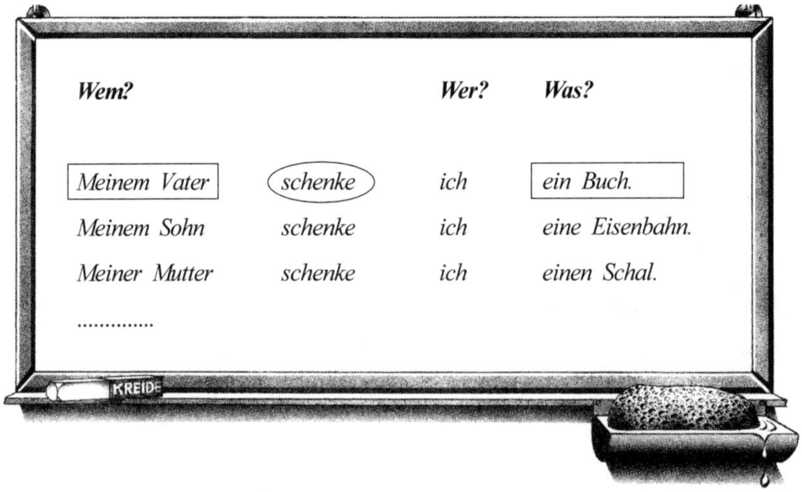

이렇게 '여격'이라는 문법영역을 미리 알게 되고 나중에 교재에서 여격을 소개할 때 더 쉬워진다.

위의 예에서 보는 바와 같이, 교재의 저자들이 결정한 순서는 임의로 바뀔 수 있다. 순서를 바꾸는 데에는 실제로 다음과 같은 방법들이 있다.

1. 교재에서 뒤에 나오는 규칙이나 규칙의 한 부분을 미리 도입하기

이러한 경우 학습자들은 처음 보는 단어나 낯선 문법구조를 접하게 된다. 교사로서 여러분은 학습자들이 이러한 낯선 단어를 직접 사용할 수 있도록 도입할 것인지 아니면 설명만 할 것인지 또는 교재의 텍스트와 연습을 바꾸어 쉽고 단순하게 만들 것인지를 결정해야 한다.

2. 교재와 무관하게 문법규칙을 도입하기

이런 경우에 여러분은 완료형을 연습할 때처럼, 실제 텍스트나 스스로 쓴 지문을 가지고 학습자들이 규칙을 찾아내게 할 수 있다. 이 경우 여러분이 미리 다루려고 하는 이러한 문법구조를 저자들이 어떤 주제와 결합시키고 있는가를 교재에서 자세하게 살펴보길 바란다. 여러분이 선택한 것이 학습자들에게 도움이 되는가?

3. 교재에서 체계적으로 도입된 규칙을 제외하거나 줄이기

『Deutsch Aktiv』에서는 과거형과 완료형이 같은 과에서 도입되어(112쪽 - 126쪽) 학습자들에게 학습 부담이 커졌고 혼동을 가져왔다. 이를 피하기 위해 많은 교사들은 과거시제의 도입과 그와 관련된 부분들을 제외했다가 나중에 다루었다.

교재의 순서를 다루는 이 부분에서는, 언어학자나 교재 저자가 아니어도 누구라도 진도를 변경할 수 있음을 보이고자 했다. 문법의 도입 순서는 실제로 책마다 다르다. 문법구조와 규칙을 도입하는 데 있어서 언어에 내재된 정해진 순서는 없다. 언어체계가 순서를 정하는 근거가 되는 경우는, 두 구조가 서로 밀접해서 하나가 다른 하나의 기본이 되는 몇 가지의 경우뿐이다. 예를 들자면

소유대명사는 인칭대명사가 나온 다음에야 도입할 수 있다.

동사의 인칭변화어미는 인칭대명사와 결합하여, 그리고 인칭대명사를 다룬 것을 바탕으로 도입할 수밖에 없다.

완료형은 조동사 haben과 sein의 활용과 현재형을 알아야 도입이 가능하다.

한 문법구조를 좀 더 일찍 혹은 늦게 도입하는 근거는 무엇보다도 이 구조의 사용, 즉 이것이 얼마나 자주, 그리고 얼마나 다양하게 사용될 수 있는가에 있다. 여러 교재에서 도입된 구조와 규칙을 단순히 더해 나간다면 그 차이는 크지 않다. 그러나 문법구조를 도입하는 순서와 어떤 문법구조를 어떤 주제와 연결하느냐 하는 점에서는 차이가 난다.

주어진 교재의 진도를 바꿀 필요성은 다음과 같은 이유 때문에 생긴다.

➤ 의사소통상의 목적으로 어떠한 문법형태가 교재에서 제시된 것보다 좀 더 일찍 필요할 경우 (예: 자신의 생애를 설명할 때 완료형을 사용한다)

➤ 복잡한 규칙을 여러 단원에서 나누어 도입하고자 할 때

➤ 교재에 너무 많은 규칙들이 한꺼번에 도입될 때

문법진도의 변경은 교재의 여러 장들이나 혹은 어떤 한 장의 부분을 먼저 다루거나 제외시킬 수 있음을 말한다. 그리고 교재와 무관하게 어떤 문법규칙을 다룰 수 있음을 의미한다.

완료형을 도입하는 방법의 예에서 교육문법의 원칙들이 소개되었다:

교과과정 중에 문법규칙을 도입하는 시기는 언어적인 이유만으로는 결정할 수 없다.

예를 들어 완료형을 미리 도입한 것은 자신에 대한 이야기를 하려는 필요성 때문이었다. 이러한 목표 때문에 문법(완료형)과 글의 내용(자서전적인 정보)이 서로 결합되었다. 앞으로 이 책의 다른 부분들에서도 이러한 결합을 보게 될 것이다.

두 번째 구성성분

4.2 상징, 그림, 색깔 - 문법구조의 시각화

여러분이 독일어를 배우기 시작한 것은 벌써 여러 해 전의 일이다. 그래도 한 번 기억을 해 보기 바란다. 여러분의 첫 번째 교재는 어떠했나? 교재에 그림이 있었나? 생각나는 그림이 있나? 색깔은 있었나? 무슨 색깔? 그림이나 다른 시각자료가 문법을 설명하는 데에 사용되었나?

아마 기억이 난다 해도 그 수는 얼마 되지 않을 것이다. 대부분의 학생들이 배우는 외국어 교재에는 문법규칙을 사용하는 데에 사용된 시각적인 요소는 규칙만큼이나 추상적이다. 이 장에서 여러분은 몇 가지 예를 보게 될 것이다. 우선 작은 실험부터 해 보기로 한다.

과제 16

외국어로서의 독일어에 관한 한 교재에서 이러한 상징기호들을 볼 수 있다.

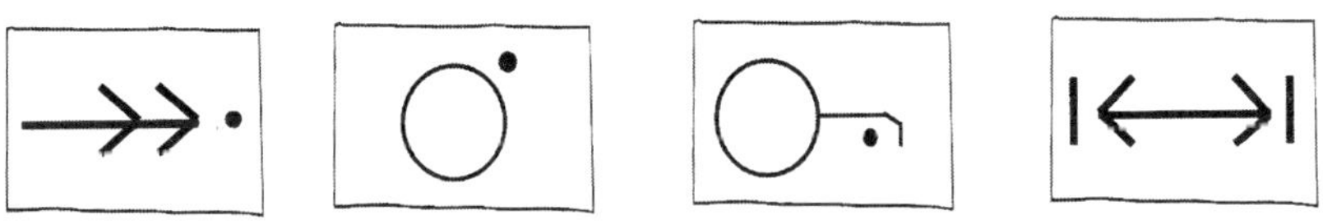

출처 Griesbach(1976), 62-63

이러한 상징기호들로 어떠한 전치사를 나타낼 수 있는지를 적어 보세요.

__________ __________ __________ __________

__________ __________ __________ __________

사 주 후에 여러분에게 이 작은 상징기호들을 칠판에 다시 그려 보라고 부탁한다면 어떻게 될까요? 그릴 수 있을까요? 학생들은 아마도 정확하게 그릴 수 없을 것이다. 여러분은 아마, 이 상징들을 전치사와 함께 기억하기가 어렵다고 느낄 것이다.

이 책의 도입부분에서 Günther Zimmermann의 연구를 소개하였다. 교사들은 문법규칙을 학생들의 동기가 유발되도록 제시하고 간단하게 설명하는 데에 어려움을 겪는 듯하다. 이 장은 이러한 경우에 필요한 도움을 제공하고 있다.

우리는 여기에서 시각적인 도구를 사용하여 문법규칙을 설명하고 기억하기 쉽게 만들고, 그 규칙의 사용을 연습하는 방법 몇 가지를 소개하려고 한다. 우리는, 시각적인 요소를 이용하는 것이 언제 그 의미가 있는지, 이 요소들이 어떤 목적으로 사용될 수 있는지, 여러분이 그림재주 없이도 어떻게 수업시간에 시각적인 학습자극을 줄 수 있는가를 설명하고자 한다.

이 장에서는 우선 교재를 시각화하는 것이 얼마나 도움이 되는지를 시험할 기준 몇 가지를 제공하려고 한다. 그리고 문법을 설명하는 그림을 여러분이 어떻게 스스로 사용할 수 있는가를 알려 주려고 한다.

시각자료의 유용성을 알아보기 위해서 시각자료를 다음과 같이 분류하였다.

- 인쇄술상의, 또는 글자체를 이용하는 도구
- 추상적인 상징 (대개는 언어학의 체계에서 따 온 것)
- 구체적인 상징 / 시각적인 은유
- 동적인 상징 / 문법규칙의 의인화 또는 공간화

4.2.1 인쇄 기술상의, 또는 글자체를 이용하는 도구

다음 예는 Schulz/Griesbach의 외국어로서의 독일어 교재 초판에서 인용된 것이다. 이 책은 세계적으로 가장 널리 사용된 책이다.

— **B** —

3격 지배 전치사들

Robert geht um 9 Uhr ***aus dem*** Haus. Er wohnt ***mit seinem*** Freund ***bei seiner*** Tante. ***Nach dem*** Essen trinkt er eine Tasse Kaffee. Er ist ***seit einem*** Monat in Deutschland. Er hat das Geld ***von seinem*** Vater. Er geht ***zu seinem*** Freund. Die Wohnung liegt ***der*** Post ***gegenüber***.

aus, bei, mit, nach, seit, von, zu,
gegenüber
IMMER MIT DATIV

전치사 gegenüber는 명사뒤에 위치한다는 사실을 기억하세요.

bei dem	→	beim
von dem	→	vom
zu dem	→	zum
zu der	→	zur

4격 지배 전치사들

Hans geht ***durch den*** Park. Robert bestellt ***für seinen*** Freund ein Glas Bier. Das Auto fährt ***gegen das*** Haus. Robert geht ***ohne seine*** Schwester spazieren. Die Freunde gehen ***um das*** Haus. Wir fahren ***die*** Straße ***entlang***.

durch, für, gegen, ohne, um,
entlang
IMMER MIT AKKUSATIV

전치사 entlang은 명사뒤에 온다는 사실을 기억하세요.

출처 Griesbach(1955), 29

과제 17

예를 찾아보세요. 어떤 기호가 여기서 사용되었나요?

해답을 찾아 읽어 본 후 계속해서 읽으시오.

인쇄술을 이용하는 다른 방법은 밑줄을 치거나, 인쇄를 하거나 바탕으로 다른 색깔을 사용하는 것이다. 바탕으로 다른 색깔을 사용한다는 것은 글이나 표의 한 칸에 "음영"을 넣는다는 뜻이다.

강조하는 데에 비슷한 방법을 여러 가지 사용하면 원하지 않은 부작용이 생길 수 있다. 다른 모든 정보들 사이에서 시각적으로 특히 눈에 띄어야 할 정보, 단어, 어미나 외울 문장은 바로 옆의 다른 것들도 (**굵은 활자**나 밑줄로) 강조가 되었기 때문에 원하는 효과를 보지 못한다. 인쇄상의 기술을 너무 많이 사용하면 어떠한 특정한 정보를 강조해야 하는 목적을 결과적으로는 잃어버리게 된다.

예:

> 통속적인 많은 일간지들은 1면의 기사제목을 굵게 인쇄하고 밑줄까지 친다. 거기서 한 가지 제목을 더 강조하기 위해서는 활자를 더 키우고 정보를 지면의 가운데로 이동시켜야 한다.

수업에 색깔을 이용하는 것이 도움이 된다고 말하는 교사들이 많다. 문법시간에도 색분필을 적합하게 이용하고 동사와 형용사의 어미를 설명하는데 효과적으로 사용하는 경우를 본 적이 있다. 그러나 문법수업에서의 색의 사용에 대한 우리의 개인적인 경험은 오히려 부정적인 편이다. 교재에서 혹 내용을 알아보기 쉽게 만들고 문법을 시각적으로 즐겁게 만들 수도 있을 여러 방법들이(격, 품사, 시제나 문장 성분을 여러 색깔로 구별하는 일), 문법수업에서는 대개 별로 실용적이지 못하다. 칠판의 판서를 통하여 설명할 때 글씨를 분명하고 알아보기 쉽게 만들기 위해서는 같은 색깔을 계속해서 사용해야 할 것이다. 하지만 계획하지 않은 때에 갑자기 문장구조를 색분필을 사용하여 설명해야만 할 때, 색 분필이 없을 수 있다.

교실에서의 수업을 위해서는 품사, 격이나 문장성분을 색깔로 표시하는 일은 아예 시작도 하지 말라고 제안하고 싶다. 시각화를 위해서는 다른 방법을 사용하라.

지금까지 말한 인쇄상의 기술을 이용해 각각의 정보를 강조하는 전통적인 방법들에는 수업에서 문법규칙을 설명할 때 한 가지 장점이 있다. 대개 큰 노력을 들이지 않고도 칠판에 다시 복제할 수 있다는 것이다.

여러분은 칠판에서 예를 들어

➤ 외울 문장을 인쇄체 대문자, 밑줄이나 색깔(대문자나, 밑 줄 또는 색깔)로 강조할 수 있고,

➤ 동사변화표에서 여러 가지 서로 다른 어미들을 밑줄, 대문자, 테두리나 색분필을 이용해서 눈에 뜨이게 만들 수 있다.

그런데 특히 문법을 설명할 때에는 칠판을 어떻게 사용할 지를 언제나 수업 전에 계획을 세워야 한다. 여기서는 명료함과 공간 활용이 매우 중요하기 때문이다.

외울 문장을 늘 칠판의 같은 부분에 쓰는 것도 좋다. 이 제안은 안타깝지만 칠판이 상당히 커야 도움이 된다. 이렇게 공간을 나누어 쓰면 학습자들이 (예를 들어) 어떤 문법에 관련되어 칠판 왼쪽 위에 교사가 쓰는 문장은 언제나 중요하고 옮겨 적을 필요가 있다고 미리 안다는 장점이 있다. 마찬가지로 (예를 들어) 오른쪽에 쓰인 것들은 단어에 대한 것이고 중간에 있는 것들은 베낄 필요가 없다는 것을 안다.

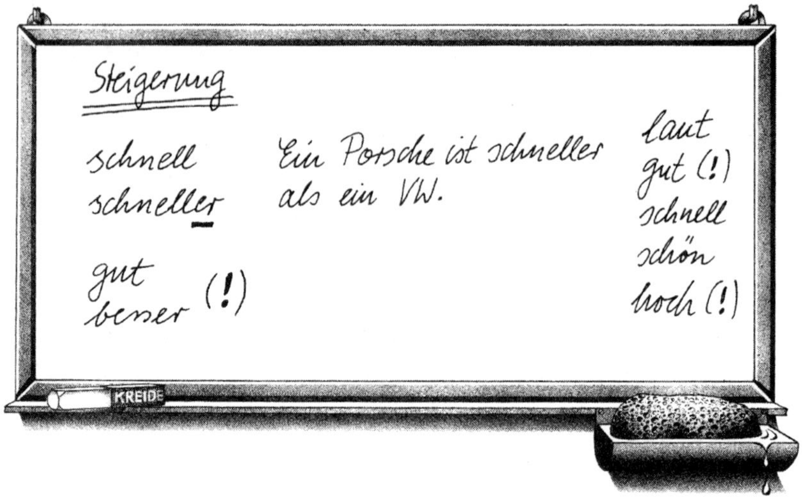

4.2.2. 추상적인 상징

여러분은 이미 제 4.2장의 초반부분에서 학습에 도움을 주기 위해 추상적인 상징을 사용하는 예를 보았다. 학습자들이 지금까지 접하지 않았던 규칙을, 학습자들에게 그 규칙처럼 낯선 상징을 통해 설명한다면 별 의미가 없다. 하지만 학습자들이 이미 알고 있는 이런 도형을 사용하면 어떨까?

성인학습자들을 위한 독일어교재에서 나온 몇 개의 예를 보기로 한다.

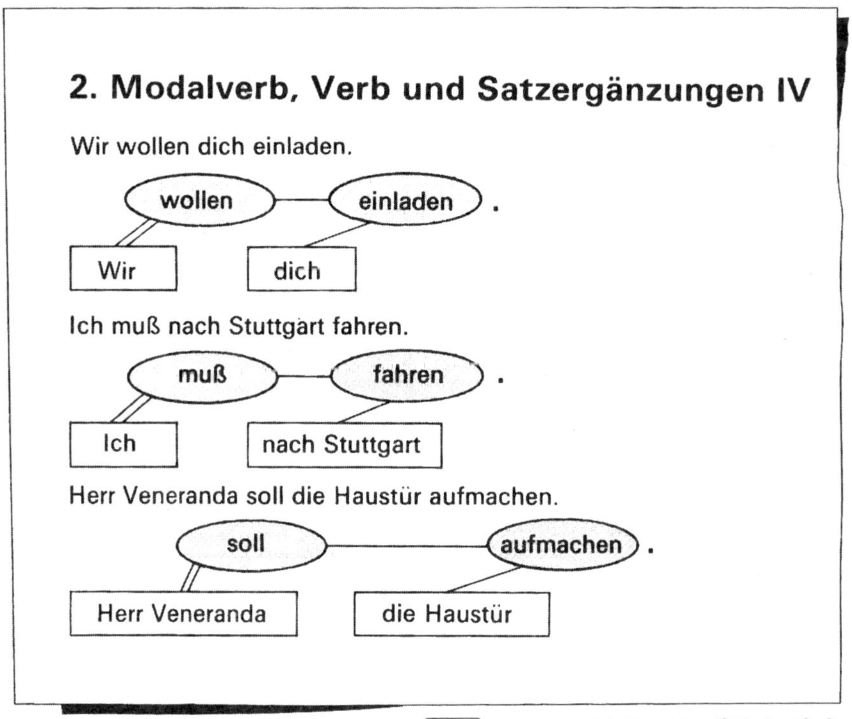

2. Modalverb, Verb und Satzergänzungen IV

Wir wollen dich einladen.

wollen — einladen .
Wir
dich

Ich muß nach Stuttgart fahren.

muß — fahren .
Ich
nach Stuttgart

Herr Veneranda soll die Haustür aufmachen.

soll — aufmachen .
Herr Veneranda
die Haustür

출처 Neuner (1979), 89 (원본은 칼라)

6
Elemente

동사가 문장을 지휘한다.

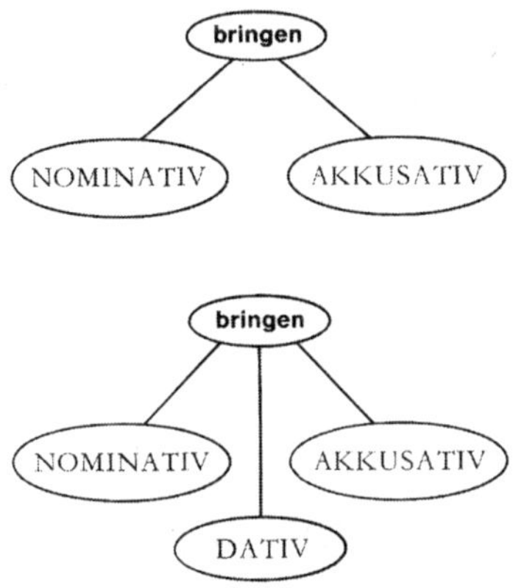

Ich bringe Rosen.

Ich bringe meiner Freundin Rosen.

[출처] Häussermann (1989), 248

과제 18

103-104쪽에 나와 있는 두 가지 제시방법을 서로 비교하세요. 시각화를 위하여 어떤 도구를 쓰고 있나요? 무엇이 비슷하고 무엇이 다른가요? 이 제시 방법들에서 동사는 어떤 의미를 가지고 있나요?

생각 산책: 의존문법

동사를 타원형으로 그리고 보충어를 사각형으로 표시하는 방법은 의존문법의 표현방법이다. 의존문법을 이 책에서는 자세히 설명할 수가 없으나, 이에 관한 짧은 요약은 Meese(1984, 22쪽~28쪽)의 저서를 참고하고 외국어로서의 독일어에 대한 상세한 설명은 Rall /Engel /Rall(1977)을 읽기 바란다.

여기서 사용된 상징들을 이해하기 위해서 의존 문법 혹은 의존-동사 문법(DVG)의 기본 이론을 기억하는 것이 중요하다. 이 이론에 따르면 동사가 문장을 규정한다. 전통적 방법으로 문법이 기술된 외국어교재에서는 주어가 문장의 중요한 성분으로 강조되는 반면에, 의존 문법에서는 주어는 단지 동사에 대한 보충어의 하나인 주격 보충어일 뿐이다. 동사는 문장에서 혼자 오지 않고 보충어를 필요로 한다. 많은 동사들이 완전한 문장을 만들기 위하여, 하나의 보충어(1 가 혹은 1 결합가 동사들)를 필요로 하기도 하고, 다른 동사들은 두 개의 보충어(2 가의 혹은 2 결합가 동사들), 혹은 세 개의 보충어(3 가 혹은 3 결합가의 동사들)를 필요로 하기도 한다.

1 가의: *Klaus schläft.*

schlafen 동사는 문장에서 하나의 보충어만을 필요로 한다.

2 가의: *Klaus kauft ein Buch.*

kaufen 동사는 하나의 보충어로는 완전한 문장을 만들 수 없다.

3 가의: *Klaus schenkt seinem Vater ein Buch.*

위의 두 교재 예에서 동사가 왜 강조되어 있는지가 분명해 졌다. 이러한 표현방법은 수업시간에 장점과 단점을 가진다. 이러한 방식으로 기술된 문장구조는 처음엔 더 명확해지고, 학생들과 교사들이 동사를 단독으로 배우는 것이 아니라, 다른 보충어들과 연관하여 배워야만 한다는 사실이 분명해진다. 그러나 이 두 가지의 표현법에는 문제가 있다. 문장을 두 차원에서, 그리고 언어학적으로 정확하게 설명하는 것은 수업시간에 문장을 더 불명확하게 하고 읽기 어렵게 만든다. 부문장이 많으면 많을수록 이것은 더 복잡해진다. 『Sprachkurs Deutsch』에서 동사와 보충어에 타원형을 사용한 것은 이 두 문장성분의 경계 구분을 쉽지 않게 하고 있으며, 텍스트 내에서 문장을 표시할 때 자리를 많이 차지하기 때문에 이 방법은 적당하지 않다.

과제 19

위에서 언급된 단점을 보완하여 생각산책에서의 세 개의 예문들을 도식화하여 칠판에 써보도록 하세요!

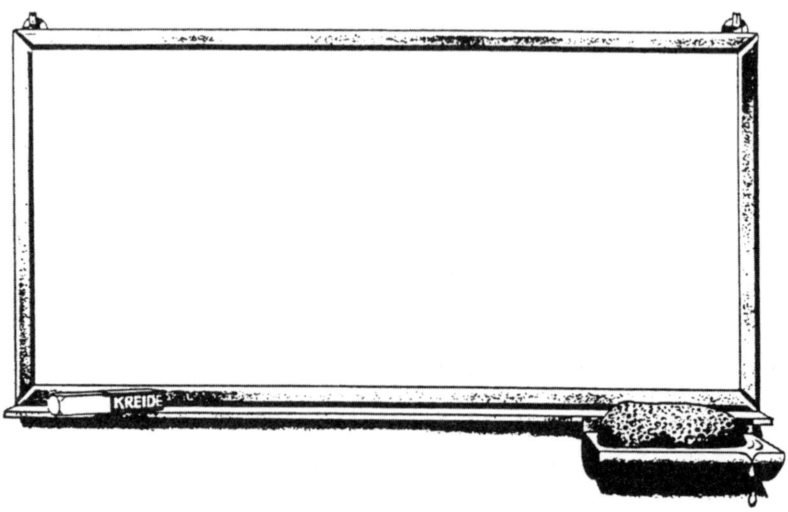

동사와 보충어를 상징으로 표시하여 작업하는 수업제안

여러분의 교재가 어떻게 되어 있던지 초보자들을 위한 기초단계의 수업부터 여러분은 동사의 위치에 관해서라면 동사를 아래의 상징을 통해 표시한다.

타원을 가지고 여러분은 어간과 어미를 표시할 수도 있다.

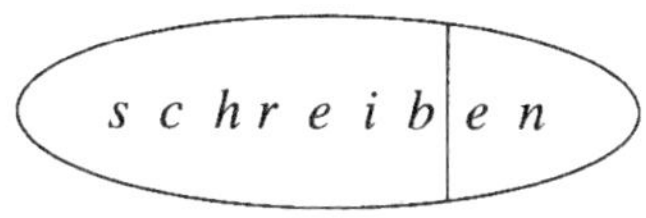

그리고 나중에는 분리 동사도 표시할 수 있다.

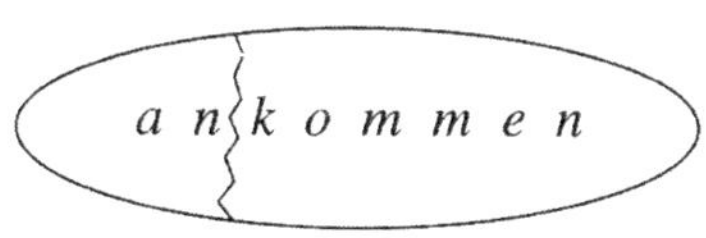

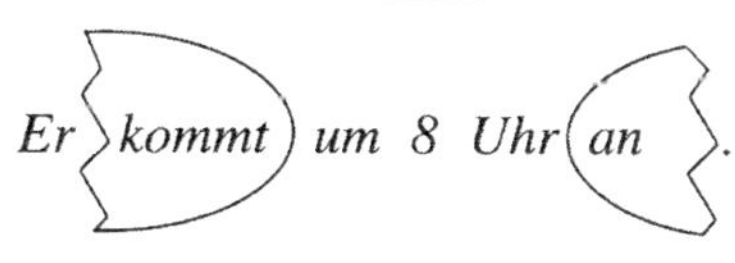

주의: 가르는 선을 언제나 위에서처럼 정확한 위치에 그리고, 아래에서처럼 만들지 말 것!

깨진 계란껍질의 방향이 틀린 그림.

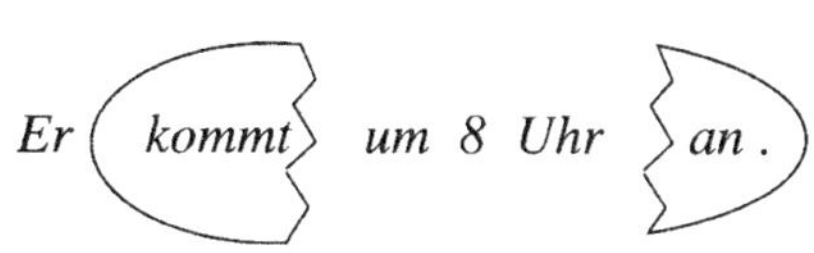

그리고 문장에 조동사와 다른 동사가 있으면 타원 두 개를 사용한다.

Er (*hat*) *mir* (*geschrieben.*)

Er (*will*) *morgen* (*kommen.*)

보충어를 표시하기 위해서는 사각형을 사용할 수 있다.

지금까지는 어떤 상징을 사용할까 하는 것에 대한 제안이었고, 이제 실제 수업으로 들어가 보도록 한다.

교재에서 문법을 시각화할 때 흔히 생기는 문제는 교사가 상징, 도안이나 그림을 제시하고 설명할 때 학생들은 그냥 수동적으로 받아 들인다는 것이다. 학습자들은 이러한 상징이나 그림을 능동적으로 사용할 기회를 교재를 통하여서는 익힐 수 없다. 지금 소개할 수업 안에서 바로 이러한 시도를 해보고자 하는데, 학습자들이 상징을 의식적으로 학습하고, 연습문제에서 능동적으로 사용하게 하려고 한다.

독일어 수업에서 학습자들이 처음 접하는 동사들은 도서로 소개하고, 자신에 대해 말하는 데에 쓰이는 단어들이다.

예:

Beispiele: (*heißen*) (*kommen*) (*wohnen*)

(*sprechen*) (*arbeiten*)

외국어에서 처음으로 배우는 보충어들은 이름과(Herr Müller, Frau Schmidt, ...) 1인칭과(ich, wir) 존칭(Sie) 대명사들이다. 이 단계에서 학습자들에게 "Ich bin Herr Müller."의 문장에서 Herr Müller가 동일 주격(『Duden-Grammatik』) 혹은 보격 보충어(『Deutsch Aktiv』), 혹은 주격 보충어(『Deutsch aktiv neu』)라는 사실은 그다지 중요하지 않다.

1.

전 수업시간에 했던 간단한 대화, 이름 묻고 소개하기의 주제를 문법범주에 대해 설명하지 않고 도입한 후, 학습자들을 우선 둘 씩 함께 짝짓게 하고, 그 다음에는 함께 칠판에 동사와 그 보충어들을 가능한 한 많이 모으게 한다.

연습 1

우리가 이미 알고 있는 독일어 동사와 보충어들

1단계: 모으기

동사	보충어

2.

학습자들이 목록을 만드는 동안 타원형과 (그보다 많은 수의) 사각형을 칠판에 그린다. 그리고 학습자들에게 파트너작업을 한 결과를 타원과 사각형에 적으라고 한다.

2단계: 정리하기

3.

이러한 방법으로 동사와 보충어의 차이를 단어차원에서 단순히 도입만 하는 것이 아니고 실제로 연습까지 한 다음, 문장의 차원에서 동사와 보충어를 구별하는 연습을 한다.

연습 2

어떤 그림이 다음 대화를 잘 나타내고 있나요?

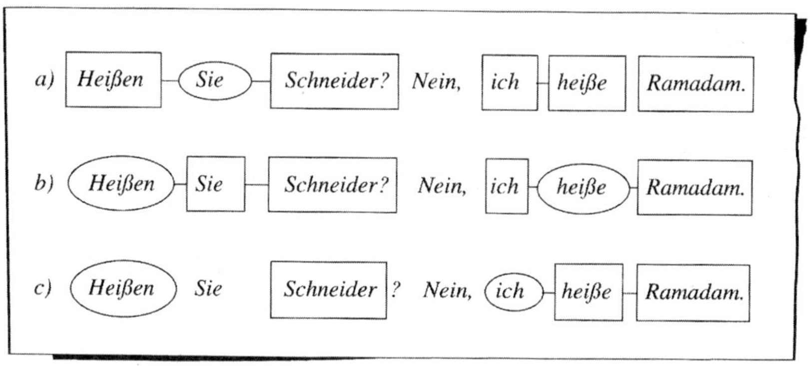

이 연습문제는 첫 눈에 보기에는 너무 단순해서 쓸모없이 보일지도 모른다. 하지만 여러분이 생각하는 것보다 작업하는데 많은 시간을 필요로 하는 학습자들도 많다. 이러한 학습자들의 과제는 우선 문장구조가 올바르게 표시된 것을 인지하고 나중에는 스스로 보충어들을 표시할 줄도 알아야 한다.

4.

다음 단계에서 학습자들은 주어진 문장구조를 내용상 알맞은 보충어와 동사로 채워야 한다. 이때 그 전 수업시간에 다뤘던 예들을 사용하면 된다.

연습 3

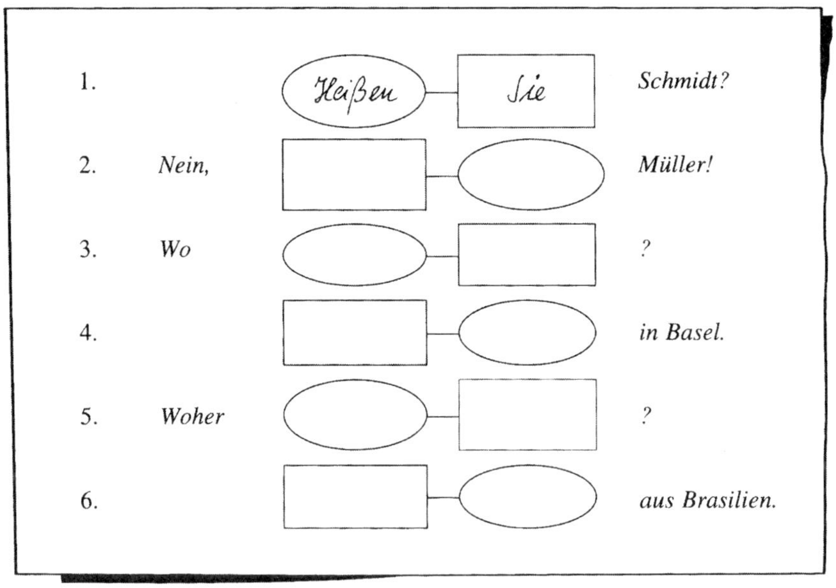

3단계: 체계화하기

5.

끝으로 모국어로 학습자들에게 동사가 문장구조를 인지하게 하는 열쇠임을 알려 준다. 문장에서 동사를 어떻게 알아보는지에 대해 토론한다. (서술문에서 두 번째 위치, "보통" 동사의 -e, -st, -t, -en 어미.)

6.

추가연습으로 학습자들이 교재에서 나중에 다루게 될 아직 이해하기 어려운 텍스트지문을 선택해서 (조동사나 완료형이 들어 있으면 안 된다) 학습자들이 이 지문에서도 동사를 표시할 수 있을지에 대해 묻는다.

7.

복습을 위해 몇 시간 동안 타원과 사각형을 오린다.

이미 나왔던 동사들을 다시 생각해 낸다(칠판에 적을 수도 있다). 학습자들에게 질문 세 개와 그에 딸린 대답에 나오는 동사와 보충어들을 타원과 사각형에 적어서 순서를 맞추고 읽게 한다.

여러분의 학습자들은 교재에서 흔히 그렇듯이 시각적인 요소만을 가지고 수동적으로 작업한 것이 아니라 능동적으로 학습을 했다. 목적격 보충어를 도입할 때에 여러분은 주격 보충어라는 개념을 도입하고 사각형에 N(ominativ) 또는 A(kkusativ)라고 적을 수 있고, 질문이 나오면 지금까지 나온 주격보충어 중에 두 부분으로 된 것들이 있었음을 설명할 수 있다. 주격보충어에서와 같은 연습방법과 카드를 사용하면 된다.

지금까지 상징기호를 사용하는 수업 안을 소개했다. 상징을 더 많이 사용하면 혼돈스러울 수 있으니, 어떤 경우든 상징은 아껴서 조금씩만 사용해야 한다.

요약

지금까지 문법수업에서 추상적인 상징기호나 인쇄기술을 사용하는 방법에 대해 이야기했고 몇 가지 원칙을 세웠다.

- 문법규칙을 단어와 문장의 차원에서 드러내 보이는 방법 중 하나는 단어나 문장의 특정한 부분에서 글자체를 바꾸거나 다른 색깔의 배경을 사용하는 것이다. 이런 판서나 인쇄상의 도구는 조금씩, 그리고 일관성 있게 사용되어야 한다.
- 다른 방법은 추상적인 상징을 사용하는 것이다. 이런 상징들은 기하학 도형처럼 학습자들이 이미 아는 것이어야 한다. 새로운 추상적인 상징을 만들어 내면 학습에 도움이 되지 못한다. 여기서도 "적은 것이 많은 것이다"라는 원칙이 적용된다. 우리 생각에는 기본도형 두세 가지로 (타원과 사각형) 제한해서 그

것을 문장구조, 즉 처음에는 보충어의 위치를 설명하는 데에 사용할 수 있다.

문법을 시각화하는 데에는 더 많은 노력이 필요한 것도 있다.

4.2.3 구체적인 상징 · 시각적 은유

제 4.2.2장에서는 수업시간에 문장구조를 설명하는 데 간단한 상징 기호가 어떻게 사용될 수 있는지를 살펴보았다. 이제는 추상적이지 않고 대상이 있는 그림, 구체적인 시각화가 문법규칙과 어떻게 연결될 수 있는지를 보이고자 한다. 이론적인 설명보다는 교재에서 나온 세 가지 예를 살펴보기로 한다.

과제 20

이 연장이 어떤 문법규칙을 상징하는 지 상상할 수 있나요?

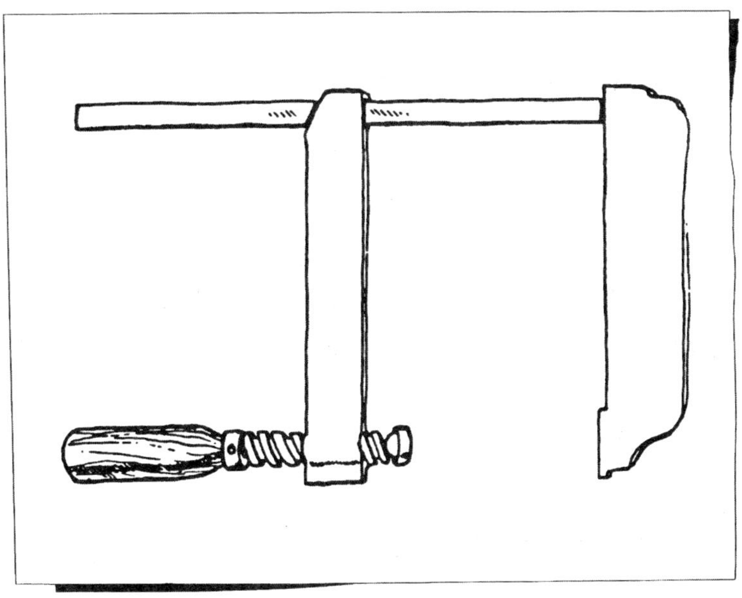

출처 Neuer (1983), Folie 25

정답을 말하기 전에 교재에 있는 다른 예들도 보이기로 한다.

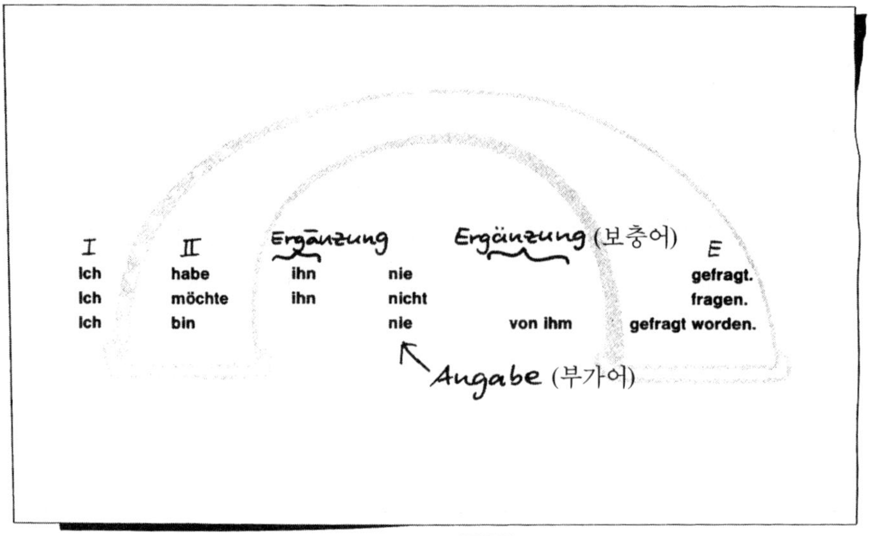

출처 Kars(1988), 113 (원본은 컬러)

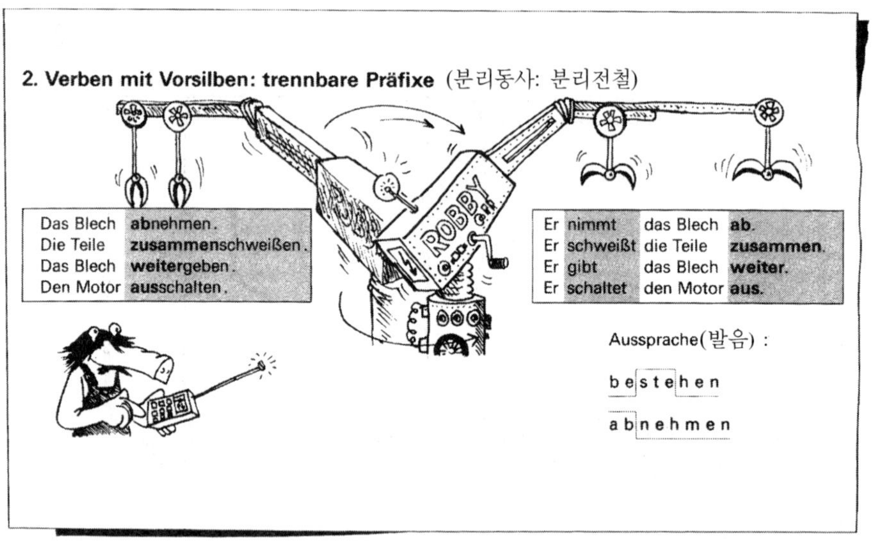

출처 Neuner(1985), 27(원본은 컬러)

이제 과제 20번으로 돌아가 보도록 하자. 『Deutsch konkret』에서 보면 앞에서 인용된 OHP에 쓰는 그림과 함께 아래의 표가 있다.

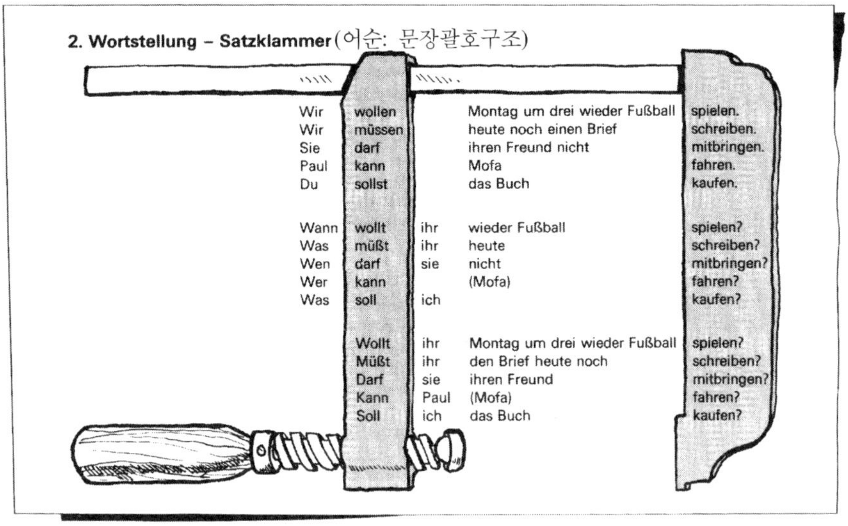

출처 Neuner (1983), 82

이 **집게**는 화법 동사와 동사의 부정형이 함께 문장을 결속시킨다는 상징으로 사용되었다. 추상적인 규칙(서술문에서 화법조동사는 두 번째 자리에, 동사의 부정형은 마지막에 온다)이 이렇게 해서 그림과 연결이 된다. 이러한 결합을 통해 학습자들은 이 규칙을 더욱 잘 기억할 수 있다. 나중에 오류를 범하게 되면, 긴 설명이 필요 없이 이 그림만 상기시키면 충분할 때가 많다.

그러나 이런 구체적인 형태를 모든 문법규칙에서 사용할 수 있는 것은 아니다.

출처 Neuner(1986), 26 (원본은 컬러)

이러한 연습에서 학습자들은 지시문이 없이도 무엇을 해야 하는지를 곧 알아본다. 어린이들을 대상으로 하는 수업에서라면, 문장성분을 쓴 리본을 마분지로 만들고 어린이들과 함께 문장을 밀고 끄는 기계를 만들어서 교실 벽에 한동안 붙여 놓을 수 있다. 하지만 여러분은 이 예에서와 달리 문장 첫 글자를 대문자로 써야 한다.

이런 시각화 방법—사물이나 구체적인 사물을 추상적인 규칙과 연결하는 일—은 교재에서 비교적 드물게 사용되었다. 이런 연결은 내용적으로도 의미가 있어야 하기 때문에, 이런 식의 암기방법은 드물게 사용할 수 있다. 『Sprachkurs Deutsch(1989년에 나온 신판)』와 특히 『Deutsch aktiv neu (1986)』에서 많은 아이디어를 찾을 수 있다. 이 책의 다음부분에서 다른 방식의 시각적인 도구를 소개하려고 하는데, 응용 가능성이 훨씬 많다. 구조를 가지고 인물이나 상황과 연관시키는 방법이다.

여기에서 다음과 같은 질문을 하는 교사들이 많을 것이다: 이런 것이 다 필요한가? 정리가 잘 된 표와 좀 굵게 인쇄된 외울 문장이면 충분하지 않을까? 시각적인 학습도구는 어린 아이들을 위한 것이 아닌가? 성인학습자들은 이런 장난을 거부하지 않을까? 이 그림들을 이용해서 얻는 것이 무엇인가? 예쁘지만 꼭 필요하지는 않은 삽화 아닐까?

여기서 간단히 학습심리에 관한 생각 산책을 해보기로 한다.

생각 산책: 문법의 시각화 - 학습 심리적 배경

여러분에게도 아래와 같은 일이 일어난 적이 있나요?

> Sie gehen aus der Küche in ein anderes Zimmer, um etwas zu holen, vielleicht eine Zeitung. Sie denken dann auf dem Weg an etwas anderes. Sie kommen in dem anderen Raum an und haben vergessen, was Sie eigentlich dort tun wollten. Sie gehen zurück in die Küche. In dem Moment. in dem Sie an der gleichen Stelle stehen, an der Sie den Entschluß gefaßt hatten, die Zeitung zu holen, fällt Ihnen wieder ein, was Sie eigentlich tun wollten.
>
> 당신은 무엇인가를 가지러 가기위해 부엌에서 나와 다른 방으로 가는데, 그것은 아마도 신문일 것입니다. 당신은 방으로 가는 중 무언가 다른 것을 생각하고 다른 방으로 들어갑니다. 그런데 거기서 무엇을 하려고 했었는지 잊었습니다. 그래서 다시 부엌으로 돌아가 같은 자리에서 선 순간 당신이 하려고 했던 것이 신문을 가지러 가는 것이었다는 것을 다시 기억하게 됩니다.

신문을 가지러 가려고 하는 생각은 아마도 무의식 적으로 여러분이 그것을 처음 생각했던 장소, 즉 부엌의 특정한 장소와 연결되어 있었을 것이다.

거기서 여러분은 실제로 다시 생각을 떠올리게 된다. 이 예는 우리의 기억이 어떻게 작용하는지를 보여주고 있다. 신경심리학은 일반적으로 아주 극도로 단순하게 기술될 수 있는 모델에서 시작된다.

인간의 뇌는 좌 뇌와 우뇌 두 부분으로 되어 있다. 이러한 두 뇌는 정보를 작업할 때 서로 다른 과제를 가지고 있다.

좌 뇌	우 뇌
정보를 순차적으로 작업한다	정보를 동시에 작업한다
논리적	모든 그림과 좀 더 큰 단위를 인식
언어어 생각	낱말이 아닌 그림으로 생각
분석하고 설명하기	감정적으로 이해
이야기하고 계산하기	음과 운율 (시, 노래) 입력하기
정리하여 규칙을 저장하기	상세하게가 아니고 통합적으로 그림을 기억하기

우뇌와 좌뇌가 정보를 작업할 때 함께 작용하면, 다차원적으로 뇌의 여러 곳에 정보가 저장되기 때문에 정보를 항상 더욱 긴 시간 저장할 수 있고 더욱 빨리 기억해 낼 수 있다.

위의 학습 심리적 지식을 언어수업에 적용하여 추상적인 낱말을 구체적인 그림이나 시각화된 문장과 결합시키면 학습자들이 기억을 더욱 잘 할 수 있다는 사실을 유추할 수 있다.

과제 21

이러한 학습심리적인 지식에서 문법규칙을 학습하는데 어떠한 결과를 유추할 수 있는지 생각해 보고 핵심어로 메모하세요.

이에 대한 구체적인 학습정보는 Sperber(1989)의 저서를 참고하기 바란다.

위의 생각산책에서는 학습 심리적 이론이 문법을 시각화하려는 시도의 이론적인 배경이 될 수 있다는 사실을 보여주고 있다. 추상적인 정보를 기억하는 데는 그림 맥락과 학습자들이 잘 알고 있는 상황, 즉 의미적 맥락이 중요한 역할을 한다.

아래의 난원을 이러한 심리 학습적인 이론적 배경을 생각하면서 읽기 바란다.

4.2.4 동적인 상징 - 문법규칙의 의인화나 공간화

a) 문법을 도입하고 설명할 때 쓰는 시각적인 도구

우선 시각화가 무슨 뜻인지를 밝히기 위한 실험을 하자.

과제 22

다음 그림을 설명하세요. 이 사람들은 무슨 말을 하고 있을까요?

출처 Baltzer (1989), 46 (원본은 칼라)

출처 Schäpers (1972), 150

여러분은 첫 번째 그림에서 어떠한 문법규칙이 도입될 것인지를 알아챘을 것이다.

많은 다른 교재들과 마찬가지로 여기에서도 도로교통(여기에 주차를 하면 안 된다. 그러나 차가 고장이 나서 움직이지 않는다.)의 주제와 조동사의 사용과 접목되었다. 여기서 주어진 상황과 도로표지판은 조동사의 사용을 불가피하게 만든다.

모든 문법주제를 이렇게 그림 하나에 포장할 수 있는 것은 아니지만, 두 번째 그림을 봐서는 무엇을 말하고자 하는지를 도대체 알 수 없다. 그러나 이 과에서 다루고자 하는 문법은 접속법이고, 과의 주제는 "당신이 정치가라면 무엇을 하겠습니까?" 이다.

두 예시 텍스트에서는 공통적으로 그림 하나가 나온 후 문법구조를 도입하는 지문이 뒤 따라 온다.

수업을 위한 도움말: 사진집, 잡지나 신문에서 특정한 발화 (짐작, 수동태, 과거, 조동사 등등)를 유발하는 그림, 만화 컷 그리고 사진이 있는지를 주의하여 살펴보시오. 이때 꼭 독일 신문이여야 할 필요는 없다.

요약

시각화의 학습심리학적인 역할에 대해 앞에서 말한 것을 기본으로 한다면, 구체적이고 분명한 그림을 추상적인 규칙과 연결 짓는 일은 중요한 역할을 할 수 있다는 것, 즉 뇌에서 다양한 학습중추들을 활성화한다는 점이 위의 예들을 통해서 분명해진다. 추상적인 정보를 그림과 연결하여 더욱 잘 기억하는 목적을 이런 방법으로 달성하려는 의도이다. 그 목적을 이루려면 아주 분명하고 뜻하는 바가 명백한 그림이나 사진만이 도움이 된다. 이러한 원칙은 다음 장의 내용에도 적용이 된다.

b) 시각적으로 조정되는 연습

새로 나온 책들의 비슷한 많은 예들 중 대표적인 두 가지 예를 가지고 문법연습을 시각적으로 조정하는 방법을 소개하고자 한다. 교실에 걸려있는 지도를 가지고도 이와 같은 연습을 할 수 있다.

Lektion 8

B2

1

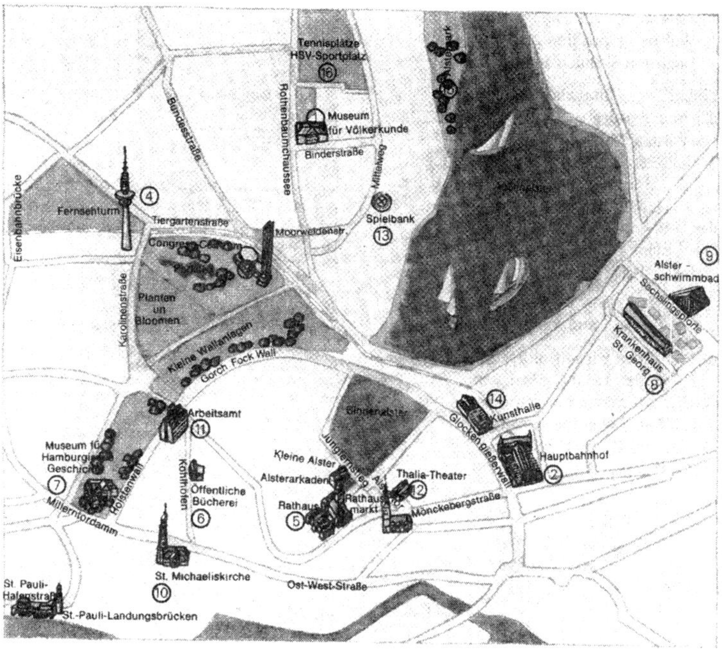

1. WO ist . . .?

● Wo ist
das Rathaus, Thalia-Theater,
Arbeitsamt, Krankenhaus St. Georg,
Museum für
Hamburgische Geschichte?
die Kunsthalle, Alsterschwimmhalle,
Sankt Michaeliskirche,
Öffentliche Bücherei, Spielbank?
der Hauptbahnhof, Alsterpark,
HSV-Sportplatz,
Tennisplatz Rothenbaum?

■ In der . . . straße.
Am . . . platz/markt.

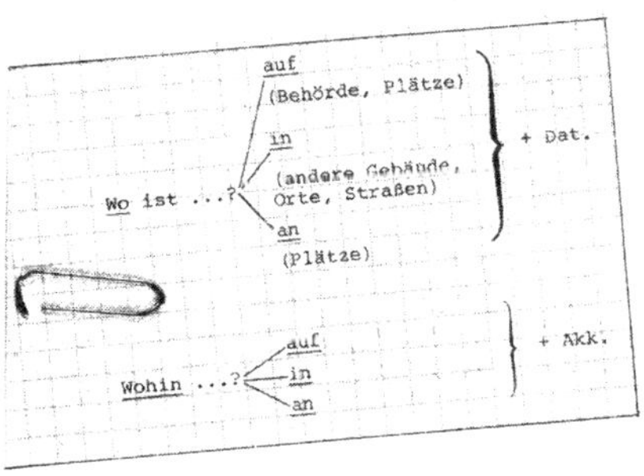

출처 Aufderstraße (1983), 96 (원본은 칼라)

교재의 한 면을 OHP 폴리에에 복사할 수 있다면, 아래와 같은 수업을 할 수가 있다. 아래의 비디오 녹화는 Paola Barberis가 토리노에서 6개월 째 독일어를 배우는 학급과 함께 3격·4격을 취하는 전치사[2])를 연습하는 수업을 내용으로 하고 있다. Paola는 수업시간에 이탈리아 교재인 『Sprechen und Sprache』에 나오는 한 그림을 OHP 폴리에 복사해서 그 그림의 한 부분을 가리고 이런 질문을 한다.

Wo treffen sich die Schüler? 학생들이 어디서 만나지요?
Wo liegt das Jugenszentrum? 청소년센터는 어디에 있나요?
Wer geht in ein Jugenszentrum? 누가 청소년센터에 들어가나요?
Was kann man in einem Jugenszentrum machen?
청소년센터에서는 무엇을 할 수 있나요?

8. 이것은 무엇인가요?

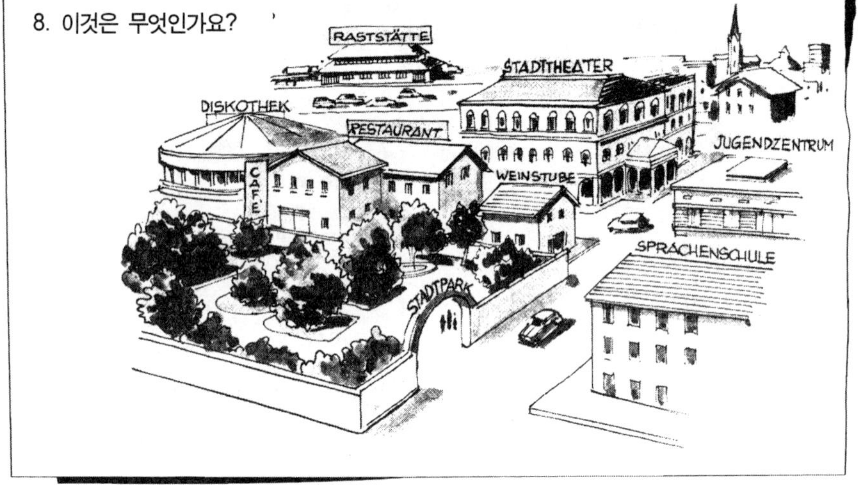

출처 Müller(1982), 88

2) im Haus, ins Haus

학습자들은 그림의 한 부분에 집중하고 질문에 대답한다.

출처 Dahl (1988), 비디오 41 00:26:04

수업시간에 학습자들은 둘씩 짝을 지어, 그림에 보이는 한 장소에서 두 청소년이 만나서 나누는 대화를 만들어 수업시간에 발표했다.

출처 Dahl (1988), 비디오 41

칠판, 연습 지와 OHP 외에도 시각화에 쓸 수 있는 아주 간단한 도구는 바로 자신의 머리이다.

다음 실험을 해 보시오. 이 두 칸을 보고 무엇이 보이는지 설명해 보시오.

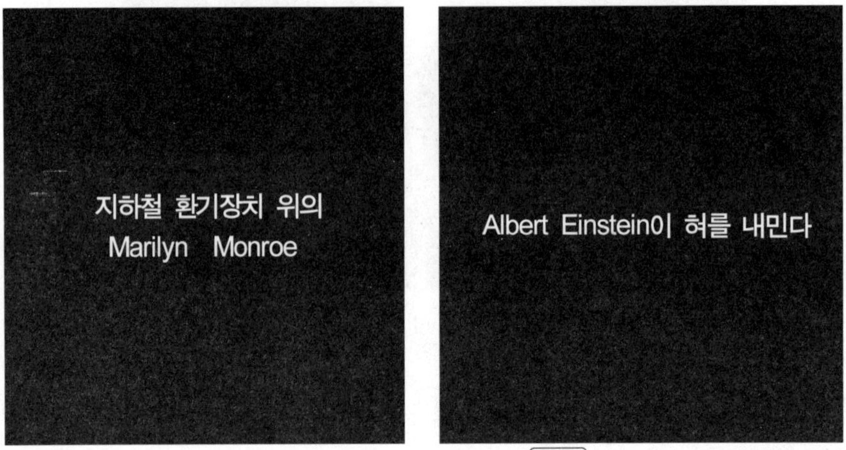

출처 Geo Wissen (1989), 215

여러분의 내적인 눈으로 이 두 그림을 아주 분명하게 보았을 것이다.

머리 속에서 시각화를 위하여 Frank / Rinvolucri의 저서『Grammar in Action』에 있는 예를 가져 왔다. (여기서는 더 단순하게 만들었다.)

저자는 (성인)학습자들에게 눈을 감고 긴장을 풀라고 한다. 잠시 침묵이 흐른 후 교사는 아주 천천히 쉬엄쉬엄 머릿속에 그림으로 그릴 시간을 두어 가며 학습자들에게, 옛날 학교에 돌아가서 문으로 가고 건물로 들어가 학교 냄새를 맡고 시원하고 조용한 홀을 지나 자기가 다니던 교실로 들어가는 것을 상상하라고 말한다. 그러고 나서는 문을 열라고 한다 — 소리가 들리기 시작한다 — 그리고 이제 학습자들은 그들이 가장 싫어했던 선생님 앞에 서 있다.

끝으로 교사는 학습자들에게 눈을 뜨고 우선 그들이 본 학교와 선생님을 묘사하라고 청한다. 이 과제를 풀기위해서 형용사와 과거형이 필요하다.

[출처] Frank (1983), 57

지금까지 한편으로는 그림, 감정과 활동, 다른 한편으로는 인지적인 학습활동이 실제 수업에서 어떻게 연결될 수 있는지를 보았다. 연습에서도 이런 가능성을 제공하기 위해서는 다음 구성성분이 필요하다.

세 번째 구성성분

4.3 놀이하며 문법 배우기 - 연습 - 사용

과제 23

의자에 앉아 몸을 뒤로 젖히고 눈을 감고 중고등학교시절의 외국어 수업시간에 언제, 그리고 놀이를 한 적이 있었는지에 대해 잘 생각해 보세요. 그리고 교사로서 여러분은 외국어 수업시간에 학습자들과 놀이를 한 적이 있는지를 한 번 생각해 보세요.

수업 시간에 했던 놀이들을 기억나는 대로 기록해 봅시다.

____

____

____

____

수업시간에 놀이를 별로 많이 하지 않았거나, 한두 번 아니면 한 번도 하지 않았을 수도 있다.

다른 주제보다 이 경우에 나라와 문화사이의 서로 다른 습관이나 학습 전통을 고려해 보아야만 할 것이다. 만약 독일어 수업시간에 **놀이하면서 문법배우기**에 대해 학생들과 교사에게 질문을 한다면 아래와 같은 대답을 자주 들을 것이다:

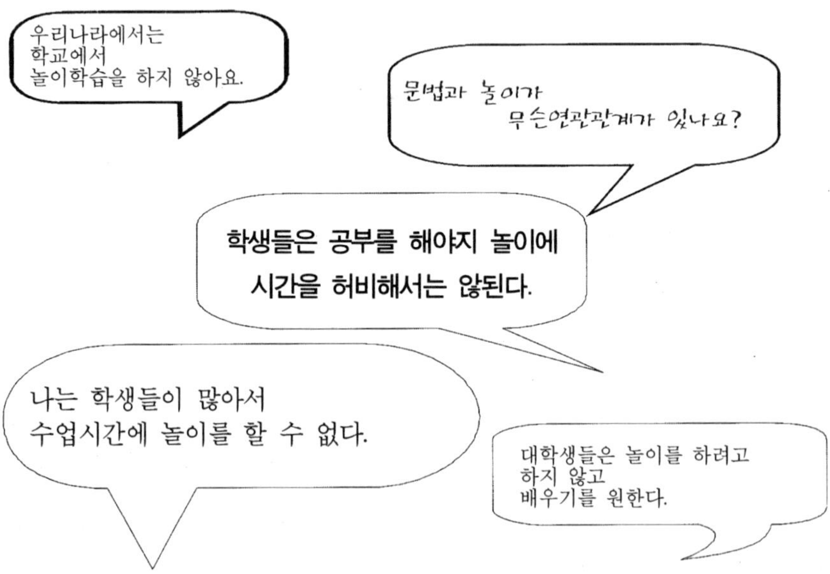

최근 몇 년 동안 외국어수업에서의 놀이에 관한 논문들과 놀이 모음집들이 많이 발표되었고 이 책의 참고문헌에도 도움이 될 서적들이 수록되어 있다. 그럼에도 불구하고 수업시간뿐만 아니라 교재에서도 놀이 식 교수법에 대한 것은 드물다. 더욱이 수업시간에 문법을 놀면서 배우는 것은 더욱 더 드문 경우이다.

본 구성성분에서는 놀이식의 연습문제를 통해 여러분의 수업시간을 다양하게 하고 또한 문법규칙을 다른 방식으로 익히고, 연습하며 또한 적용할 수 있도록 용기를 주려고 한다.

이것을 위하여 우리는 여러분에게 일련의 게임들을 소개하는 것에 그치는 것이 아니라, 여기서 소개 되는 놀이를 상세히 설명하고자 한다. 본 구성분에서는 놀이에 위한 구체적인 이론적 체계가 외국어수업시간에 별로 도움이 될 것 같지 않아 다루지 않기로 하고, 수업시간의 놀이수업을 위한 여섯 가지 중요한 원칙만을 소개하고자 한다. 이것은 문법 구조에 관한 주제나 혹은 다른 주제와 관련하여서도 사용할 수 있다. 그리고 이러한 원칙을 여러분 수업에 맞게 변형시켜 사용할 수 있다. 이러한 수업방식을 통해 **연습**과 **놀이** 사이의 대립관계가 없어진다.

놀면서 연습하기를 위한 원칙을 소개하기에 앞서 놀이를 위한 설명서에 관해 한마디 하겠다. 이러한 설명서는 놀이를 통해 학습자들이 성공적으로 학습하였는지의 여부를 결정하기 때문에 이것을 잘 만드는 것이 매우 중요하다. 이에 관한 학생들과 교사들의 교육현장에서의 개인적 경험은 다음과 같다.

교육연수프로그램에서 우리들은 자주 많은 놀이 모음들 (참고문헌 참조) 중에서 몇 가지 예들을 소개하고 이에 대해 이야기 했다. 이때 **놀이경험**이란 첫 순간에, 놀이가 정말로 학습 성과를 가져 올 것인지, 재미있는지, 혹은 잘 되어 질 수 있는지를 알아차릴 수 있었다. 종종 잘 만들어진 놀이 설명서도 실제 수업에서는 잘 이루어 지지 않거나, 주어진 시간에 불가능한 경우도 있는 것으로 나타났다.

놀이설명서를 읽고 이해하는 것만으로는 수업시간에 학습놀이의 준비로 충분하지 않다. 놀이설명서를 읽고 이해하는 것과 놀이를 하는 것은 별개의 일이다. 그러므로 놀이들을 가능한 그냥 눈으로 읽게 하지 말고 여러분 수업에 맞게 잘 계획하여 놀이를 해야 한다.

놀이 원칙 1: 단어 찾기

예: 동사 찾기

독일어나 타 언어로 되어 있는 많은 문법 연습 문제들의 학습목표는 시간 및 인물과의 연관관계속에서 동사변화 형태들을 정확하게 인지하고 습득하는 것이다. 전통적인 방법으로 동사 변화 형태를 습득하는 것은 교과서에 쓰여 있는 대로 동사 체계를 그냥 배우는 것이다.

이러한 종류의 문법에 관한 표는 다른 교재에서도 쉽게 찾아 볼 수 있듯이 『Deutsch aktiv』에서도 찾아 볼 수 있다.

4. Konjugation: Perfekt

4.1. Perfekt mit "haben"

Singular			
1. Person	ich	habe	getrunken
			gegessen
2. Person	du	hast	gesungen
	Sie	haben	geschrieben
	er		geschnitten
3. Person	sie	hat	geholfen
	es		gesprochen
			genommen
Plural			gelesen
			geheißen
1. Person	wir	haben	gesagt
2. Person	ihr	habt	gefragt
3. Person	sie	haben	gezeigt
		↑	gesucht
			geschützt
			gebraucht
			gekauft

출처 Neuner (1979), 124 (원본은 칼라)

위의 동사표를 가지고 하는 수업은 대략 아래와 같이 진행된다.

교사가 동사부정형을 먼저 말하고 학생들에게 이에 관련된 다른 형태의 동사형을 질문한다.

교사: "Gehen?" 가다?
학생: "음, ging ... gegangen."
교사: "맞았어요!"

과제 24

이러한 수업진행 방식을 분석하세요! 교사와 학생들에게 어떠한 문제가 발생할 수 있을까요?

____

____

____

____

____

____

____

교사가 모국어로 문법규칙을 설명한 후, 비교급, 최상급 혹은 동사 변화형을 질문하는 형태의 수업에서는 교사에게 집중된다. 교사는 매 번 학생 한 명과 지속적으로 질의응답하게 된다. 이때 학생들은 그 순간에만 정신 집중하여 대답하면 되고, 수업시간에 가급적 교사의 눈에 띄지 않게 행동하게 된다. 즉, 학생들은 질문을 받지 않도록 가급적 선생님과 눈을 마주치지 않으려고 한다. 만약 교사가 순서대로 질문한다면 학생들은 어떤 단어 혹은 문장에 대해 대답을 해야 하는 지를 미리 계산하여 준비할 수 있다. 위의 동사표의 동사들은 체계적으로 배열되어 있기 때문에 학생들은 동사형들을 비교적 기계적으로 이해하게 된다. 이러한 수업에서는 학생들의 암기력 및 재생산능력만이 요구되며, 학생들은 교사의 자극에만 반응하게 된다.

문법을 설명하고 되묻기 방식의 수업모델은 수없이 많은 단점을 가진다:

- 항상 교사위주의 수업이 된다.
- 수업시간의 의사소통 및 상호활동은 교사와 학생 한 명으로 제한된다.
- 오류교정은 교사를 통해서만 이루어진다.
- 실질적으로 학생들은 고립되어 있고 교사에게만 집중되어 있다.
- 과제를 수행하기 위한 학습활동은 존재하지 않는다.
- 소수의 학생들만이 "말"을 하고 그 외의 학생들은 침묵한다.

이에 대한 대안 하나를 소개 하겠다: (Rinvolucri의 아이디어, 『Grammar Games』 1984, 124-126)

동사 찾기

O	G	X	S	Y	L	W	A	R	O
H	E	K	C	G	A	B	L	I	H
E	T	A	H	A	U	X	P	E	i
i	R	M	R	N	F	A	N	D	E
S	E	M	i	O	E	O	V	R	L
S	T	L	E	P	N	L	W	U	T
E	E	F	B	L	i	E	B	C	B
N	N	E	H	M	E	N	P	K	U
A	N	Z	i	E	H	E	N	E	N
R	E	D	E	N	Q	R	A	N	T

과제 25

✎ **여러분은 학생들에게 어떠한 설명서를 나눠 주고 싶나요? 위에 언급된 사항들을 고려하여 연습문제를 위한 설명서를 만들어 보세요.**

____

____

____

____

____

____

여러분의 아이디어를 아래의 **놀면서 문법 익히기**와 비교해 보세요!

참가자들을 위한 설명서:

두 명씩 짝을 지어 아래의 연습문제를 풀어 보세요. 여러분이 찾은 모든 동사 형태들을 쓰고 비어 있는 곳도 채우세요. 찢어진 조각을 참고하세요.

war

laufen
gab
fand
drucken
anziehen
getreten
schrieb
hielt
blieb
reden
kam
heißen
nehmen

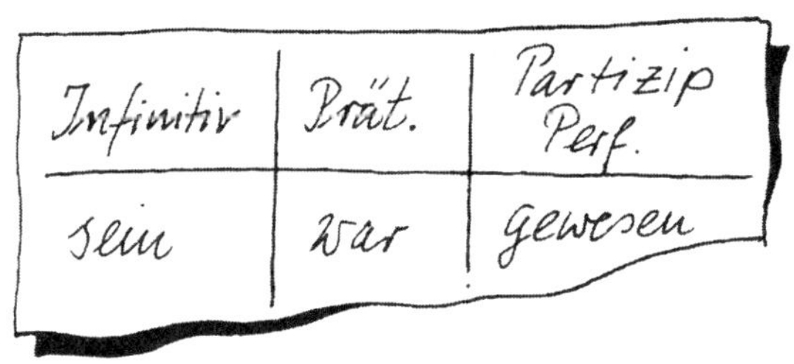

여기에서 놀이를 통한 문법 설명과 앞서 소개한 되묻기의 수업방식사이의 분명한 차이를 발견할 수 있다.

1. 학생들은 수수께끼를 풀어야한다. 이를 위하여 텍스트지문을 읽고 학습자가 알고 있는 동사 형태에 관한 규칙을 사용해야만 한다.

2. 모든 학생들이 동시에 작업한다.

3. 교사는 교실을 돌아다니며 작업 속도가 느린 학생들을 도울 수 있다.

4. 학생들은 혼자가 아니라 최소한 두 명씩 동시에 과제를 해결하므로 서로에게 도움을 줄 수 있고, 문법에 대해 서로 구두로 상의해야만 한다.

5. 학생들은 이인 모둠활동에서 은익된 상태로 있을 수 있다. 교사는 학생들이 작업 할 때에 범하는 오류들을 다 듣고 다닐 수 없으므로, 학생들이 말하기에 대한 두려움을 해소 할 수 있다.

어떻게 하면 이러한 연습문제에 놀이성격을 좀 더 강조할 수 있을까요? 좋은 의견이 있나요?

우리는 교사에 의해 주도되는 학습 리듬 속에서 파트너 중 한 명을 (예를 들어 오른쪽에 앉아 있는 파트너) 교체하여 새로운 이인 모둠을 만들어 작업하게 함으로써 학습자가 한 파트너와 비교적 긴 시간동안 작업하는 것을 저지하는 것을 생각해 보았다.

이러한 수업방식은 아래와 같은 장점을 가질 수 있다.

- 모둠활동에 활력을 준다.
- 파트너교체를 통하여 학생들간의 작업수행능력의 차이를 평준화할 수 있다 (물론 이러한 것이 학습자들에게 불만사항이 될 수 있으나 이 또한 놀이의 일부분이다.)

- ➤ 모든 참가자들은 가능한 한 재빨리 과제를 해결하도록 노력해야 한다. 즉 학습자들의 모둠 활동이 집중적으로 이루어져야 한다.
- ➤ 책상배치를 다르게 하여 (최소한 해당 수업시간만이라도) 참가자들이 서로 친숙하게 되어 질 수 있게 한다.

여러분은 작은 수업공간에서 파트너를 바꿔 작업하게 하는 것이 쉽지 않다고 말할 수 있다. 그렇다면 다음과 같은 방법은 어떨까? 학생들을 두 그룹으로 나누어 서로 경쟁하며 문제를 풀게 한다. 정해진 시간 내에 많은 단어를 찾은 그룹이 이기는 것이다. 작업형태는 학생들이 자리를 바꾸는 것 대신, 각 그룹에 한 사람이 주어진 몇 분간의 시간이 지난 후 오른쪽에 있는 학생에게 문제지를 전달하여 계속 풀게 한다. 이러한 방법을 통해 놀이진행속도를 빠르게 할 수 있고 그룹사이의 수준차이를 평준시킬 수 있으며, 또한 놀이 집중력을 높일 수 있다.

집중 강도가 높은 이러한 수업에서 교사의 역할은 축소된다. 교사는 필요하다고 생각될 때에 학생들의 작업을 중단시키고 도움을 줄 수 있다. 또한 교사는 조용히 학생들의 활동을 관찰할 수 있으며, 가능하다면 그 시간에 다음 단계인 평가를 준비할 수 있다. 작업평가시간에 교사는 도표를 사용하여 학생들에게 분사형 규칙에 대해 다시 한 번 언급할 수도 있다. 이러한 수업에서는 학습자들이 적극적인 수업태도와 높은 수업참여도를 보인다. 학습자들은 과제를 집중해서 읽고 알파벳조합의 형태를 찾으며, 또한 작업파트너와도 서로 상의한다.

놀이 원칙을 가급적 다양하게 변형하여 활용하고자 한다면 본 수업 예의 경우 어떠한 것이 변이 가능한 것인지 고려해보는 것이 매우 중요하다. 위의 예를 가지고 다양한 방안을 함께 간구하고 변형시켜보기로 하자.

숨은 개념 찾기의 연습 형태가 눈에 띄는데, 연습지가 위의 예와 똑같을 필요는 없다. 가장 중요한 점은 "찾기" 작업이 잘 실행될 수 있어야 하는데, 즉 학습자들이 과제를 수행하려고 하는 욕구가 생기도록 해야 한다. 예를 들어 알파벳을 모두 대문자로 표기하여야만 학생들이 집중도 있게 찾기 놀이를 할 수 있다.

또 다른 변이의 문제로 시제와 관련된 동사 형태에 관한 것이다.

교사는 하나의 놀이 틀을 만들어 다른 문법자료를 채워 사용하거나, 이것을 여러 번 변형시켜 서로 다른 문법수업시간에도 사용할 수 있다.

과제 26

다음의 질문에 대해 대답하세요! 수업시간에 어떠한 문법 구조들이 이러한 모델로 연습할 수 있고 또한 습득할 수 있다고 생각하나요?

____

____

____

____

____

놀이 수업에서 다양하게 변화를 줄 수 있고, 주어야할 것은 놀이 운영에 관한 것이다. 학습 집단내의 활동을 어떻게 수행할 것인가는 어떠한 학습 형태가 학생들에게 더욱 친숙하게 느껴지는가와 깊은 연관성이 있다.

우리가 제시한 놀이 예를 다시 보기로 한다. 만약 학습자들이 십여 명 내외의 소그룹일 경우, 파트너 작업보다는 학습자가 자리를 바꿔 다른 파트너와 함께 과제를 푸는 형식을 취하는 것이 더 낫다. 대그룹의 경우에서는, 함께 작업해야할 학습자들의 숫자를 세 명 혹은 네 명으로 하고, 각 조의 두 명을 다른 조로 이동시키는 등 학습자들의 자리를 바꾸게 한다.

놀이가 성공적으로 수행되기 위하여서는 놀이 시작 전 놀이가 잘못 될 수 있는 근원을 파악하는 것이 도움이 될 것이다.
동사형태 찾기 놀이를 할 때 무엇이 실패요인으로 작용할 수 있을까?

연습문제지의 **형태면**에서:

- 예를 들자면 동사 형태를 바로 인지 하는 정서법
- 이름의 경우, 대소문자로 표기한다면 과제가 더욱 쉬어지게 된다. 그러나 이름을 모두 대문자로만 표기한다면 과제가 어려워진다.
- 학습자들이 그다지 원하지 않은 단어들이 사용되었다.

내용면에서:

- 내용상 간단히 배열될 수 없는 구조와 문제들이 숨겨져 있다.

놀이진행을 위한 몇 가지 제안을 하겠다:

파트너 작업이란 참가자들이 정말로 함께 작업하는 것을 의미하며, 학습자들의 협동 작업 여부가 우연에 맡겨져서는 안 된다. 이러한 유형의 놀이를 할 때는 각 그룹 당, 한 장의 과제지가 주어지는데, 이러한 사항은 파트너 작업에도 해당된다. 작업의 결과를 알 수 있는 (해답이 있는) 두 번째 종이는 수업시간이 종료될 때 나눠준다. 만약 학생들 모두가 연습문제지 한 장씩을 가지고 있다면 진정한 의미의 그룹별 작업 활동이 이루어질 기회가 적다.

이긴 팀과 진 팀을 가려야만 하는 놀이 활동은 매우 공정해야만 한다. 그러므로 그 어느 팀도 우선권을 갖지 않도록, 과제 지나 카드의 뒷면을 앞으로 오게 하여 내용이 보이지 않게 한 상태에서 나눠준다.

과제가 역동성 있고 신속하게 수행되도록 한다. 게임의 진행이 지루하게 진행되는 것은 매우 치명적이다. 위에서 언급된 놀이 예의 경우: 손뼉소리나 신호음이 나면 오른쪽에 있는 모든 학생들은 자리를 바꿔야 한다. 앉은 배열에 따라 왼쪽 책상으로 혹은 시계방향으로 이동한다. 이동방식은 놀이의 시작 전 모든 참가자들에게 설명해야만 한다.

이러한 놀이에서 교사는 놀이 결과에 대해 놀이를 한 후 평가를 해야만 하는데, 놀이 결과를 쉽고 정확하게 점검하기 위하여 교사는 동사의 숫자(예: 열네 개)를 기억하고 있어야만 한다. 열네 개 이상 혹은 이하의 동사들은 우선 틀린 것으로 간주한다.

우승후보 팀이 맞춘 동사형을 읽도록 한다. 틀린 답과 질문들은 수업시간에 학습자가 교사와 함께 교정한다.

학습자들은 전통적 수업방식에서와는 달리 이러한 교수법을 통하여 다양한 방법으로 문법을 작업하면서 배우게 되는데, 구두로나(옳고 그름에 대한 면대면 토의), 지면으로(형태를 메모함), 그리고 상호의사소통적인 형태로(서로 토론, 적용 그리고 계속하여 바뀌는 파트너와 협업) 언어를 산출하게 된다.

놀이를 통한 수업이, 교사 혼자 학생들에게 쉽지 않은 질문들을 연속적으로 물어야 하는 식의 전통적인 수업보다는 학습자들에게 더 흥미로울 것이라는 점을 마지막으로 다시 한 번 언급해야 할 것 같다.

지금까지 우리들은 놀이식 수업의 예를 상세히 소개하였다. 계속해서 이러한 놀이에 대한 아이디어를 소개하고자 하는데, 우리가 앞서 언급한 놀이식 수업방식의 변이들을 기억하고 있기 바란다.

놀이원칙 2: 효과적인 말하기 및 쓰기의 동기유발

예: 아래의 글을 읽고 그 근거를 말하세요.

교사가 대 그룹의 외국어 수업에서 전통적인 방법으로 수업을 하게 된다면 학습자들은 한 번 말하기도 힘들 것이다. 일반적으로 수업시간에 교사의 말하는 비율이 지나치게 높다는 사실은 우리 모두가 다 잘 알고 있는 사실이다. 이 자리에서 우리는 반 전체를 잘 배분하여 학생 대부분이 수업에 참여할 수 있게 하는 수업의 한 예를 소개하기로 하겠다.

문법의 주제는 문장사이의 인과적 연관관계이다(weil, da, denn, aber, um zu, ohne zu 등등). 독일어 교재인 Deutsch konkret에서 종종 이러한 타입의 연습문제들을 찾아 볼 수 있다.

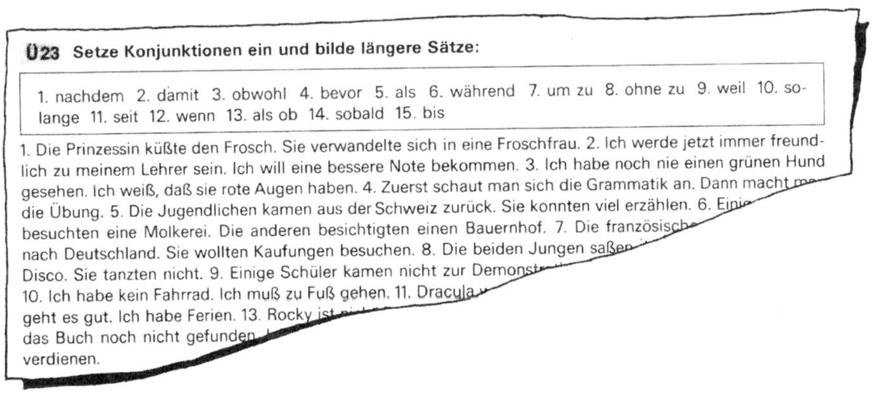

Ü23 Setze Konjunktionen ein und bilde längere Sätze:

1. nachdem 2. damit 3. obwohl 4. bevor 5. als 6. während 7. um zu 8. ohne zu 9. weil 10. solange 11. seit 12. wenn 13. als ob 14. sobald 15. bis

1. Die Prinzessin küßte den Frosch. Sie verwandelte sich in eine Froschfrau. 2. Ich werde jetzt immer freund-
lich zu meinem Lehrer sein. Ich will eine bessere Note bekommen. 3. Ich habe noch nie einen grünen Hund
gesehen. Ich weiß, daß sie rote Augen haben. 4. Zuerst schaut man sich die Grammatik an. Dann macht
die Übung. 5. Die Jugendlichen kamen aus der Schweiz zurück. Sie konnten viel erzählen. 6.
besuchten eine Molkerei. Die anderen besichtigten einen Bauernhof. 7. Die französisch
nach Deutschland. Sie wollten Kaufungen besuchen. 8. Die beiden Jungen saßen
Disco. Sie tanzten nicht. 9. Einige Schüler kamen nicht zur Demons
10. Ich habe kein Fahrrad. Ich muß zu Fuß gehen. 11. Dracula
geht es gut. Ich habe Ferien. 13. Rocky
das Buch noch nicht gefunden
verdienen.

출처 Neuner (1985), 79

교사는 즉흥적으로 “Ich habe Geld 나는 돈이 있다.” “Ich kaufe ein Auto 나는 차 한 대를 사겠다.”의 문장들을 생각해내고 학생들에게 보충하게 한다: “Wenn ich Geld habe, (dann) kaufe ich ein Auto 내가 돈이 있다면, 차 한 대를 사겠다.” 그런데 이러한 수업은 몇 몇 학생들만 말하는 등 시간낭비이며 별로 재미가 없다.

이 자리에서 놀이 한 가지를 제안하기로 한다. (Rinvolucri, Grammar Games 1984, 137)

학생들에게 아래의 기이한 이상한 이야기 하나를 들려주세요!

Als ich heute Morgen im Bus saß, habe ich etwas Seltsames beobachtet. Mir gegenüber saßen zwei Herrn. Der eine hatte schwarze Socken an, der andere weiße. Plötzlich zog jeder von ihnen eine Socke aus und tauschte sie mit dem anderen Mann. An der nächsten Haltestelle stiegen sie aus, und jeder hatte eine weiße und eine schwarze Socke an.

내가 오늘 아침 버스에 앉아 있을 때 좀 이상한 것을 보게 되었어. 내 맞은편에 두 명의 신사가 앉아 있었지. 한 명은 까만 양말을 신었고 다른 한 명은 하얀 양말을 신었어. 갑자기 그들 중 한명이 양말 한 짝을 벗더니 다른 남자와 바꾸었지. 그 다음 정거장에서 그들은 하차하였는데 각각 하얀 양말 한 짝과 검은 양말 한 짝을 신고 있었다.

학생들에게 위의 행동에 대한 충분한 근거 및 설명을 생각나는 대로(5-10줄) 쓰라고 하라. 이 때 학생들은 칠판에 있는 문장구조를 사용하도록 한다.

Die Männer haben die Socken getauscht, ... → ***um ... zu / weil / damit / obwohl / denn***

모든 학생이 두 신사의 행동에 대한 근거를 문장형태로 메모한다. 교사는 이들을 네 그룹으로 나눈다. 학생들은 서로의 문장을 읽어 주면서 그중 가장 맘에 드는 세 개의 근거를 선택하고 각 조의 조원이 이 문장들을 칠판에 쓴다.

과제 27

✎ 위의 놀이를 여러분의 반 학생들을 위해 준비해 보세요.
어떠한 점들을 수정해야 하고, 어떠한 점은 보안할 수 있을까요?

각 그룹에 구조 하나당 문장의 수가 정확하게 주어진다.

그룹에 속한 학생들은 주어진 예시 문에 따라 이야기를 꾸민다. 그 중 가장 잘된 것을 골라 위와 같이 작업한다.

조원들이 이 근거들을 카드에 다 쓴 후 카드를 모아 섞는다. 학생들이 카드 세 장을 뽑는다. 그 중 한 장의 카드를 놔두고 나머지는 다시 섞어 학생 모두 카드 한 장씩을 뽑는다. 그런 다음 학생들은 네 그룹으로 나누고, 그룹 당 어떤 문장이 가장 눈에 띄는지를 판가름한 후, 칠판에 어떤 문장을 쓸 것인지를 정한다.

위의 예를 통해 놀이가 (학습)목표에 따라 부분적으로 변이 되어질 수 있다는 사실을 보았을 것이다. 이러한 놀이는 많은 학생들이 동시에 함께 참여할 수 있으며, 놀이할 때 학생들 스스로 감독하는 것을 원칙으로 한다. 그리고 그룹의 학생이 문장을 발표할 때, 학생은 오류 없이 문장을 발표하고자 한다. 또한 문장을 칠판에 쓸 수도 있다. 이때 교사는 조정자의 역할로서 이 그룹 저 그룹으로 조용히 돌아다니며 필요하다면 학생들을 도와준다.

대안: 위의 놀이 예에서와 같이, 기이한 이야기를 제시 문으로 사용하는 대신에 홍미 있는 물건이나 일련의 슬라이드사진을 보여 줄 수 있다. 아래의 예와 같이 "Eichheim동네의 .... 내 눈에 띄는데.." 등등의 슬라이드 사진을 보여 줄 수 있다.

출처 Eichheim (1981), 슬라이드 35/36

놀이 원칙 3: 오류정정을 게임으로

예: 오류 경매

교사는 종종 학생들의 작문을 교정하면서 많은 학생들이 공통적으로 범하는 전형적 오류가 들어 있는 문장들을 수업시간에 다루고 싶어 한다. 수업시간에 이들 문장에 대해 그냥 학생들과 이야기한다면, 많은 학생들이 지루하게 느낄 것이다. 특별히 이러한 오류를 범하지 않은 학생들은 더욱 그럴 것이다.

놀이설명: (Rinvolucri, Grammar Games 1984, 18- 21)

교사는 대략 열다섯 개의 문장들을 문제지에 적는데, 그 중 다섯 개는 맞는 문장이고 열 개는 틀린 문장이다 (이러한 문장들은 가급적 학생들의 전형적인 오류가 들어 있는 문장 중에서 고른다). 도입단계에서 교사는 학생들에게 **경매**에 대해 이야기하고, 학생들이 이해하기 어려운 것은 설명해 준다. (예: 자, 경매에 들어갑니다!, 첫 번째, 두 번째, 세 번째 ...) 학생 두 명 (혹은 세 명)당 연습문제지 한 장이 주어지고 학생들은 함께 문제지의 문장들을 잠시 (1분간) 훑어본다. 그리고 경매가 시작된다 각 조는 (두 명) 5000 마르크를 가지고 있다. 문장 당 최소 경매가가 200 마르크이다. 이 놀이에서 맞는 문장들을 가장 많이 사들여 돈을 가장 많이 번 주가 승자가 된다. 그러므로 각 조는 돈을 지혜롭게 배분하고 틀린 문장은 가급적 경매하지 않도록 해야 한다. 이때 교사는 틀린 문장을 마치 맞는 문장처럼 가급적 자연스럽게 읽으면서 경매에 부친다.

신사 숙녀 여러분, 이제 경매를 시작하겠습니다. 여러분이 경매 조건에 대해 잘 안다고 믿고 첫 문장부터 시작하겠습니다.

지역학적 의미의 정말 멋진 문장: “Köln liegt an der Rhein.”

누가 이 문장에 200 마르크를 걸겠습니까? ....

Versteigerung		bezahlt	Rest
1. Gestern ich war im Kino.	(f)	800	4.200
2. Meine Katze ist lieb.	(r)	1.200	3.000
3. Warum hat du mich nicht angerufen			
4. ...			

경매가가 800 마르크가 되었고, 더 이상의 가격을 지불할 사람이 없을 때 그 문장은 낙찰된다. 낙찰된 후, 경매 참가자들은 "이 문장은 틀린 문장이고, Köln liegt am Rhein. 이 맞는 문장이다."라는 사실을 알게 된다. 이때 교사는 문법적으로 틀린 이유를 설명하지 않고, 계속하여 문장 4 그리고 문장 7을 경매에 붙임으로써 학생들이 문장을 순서대로 다루는 것에 익숙해 지지 않도록 한다. 이 방법은 매우 중요하며 또한 본 게임의 매력이기도하다. 경매가 끝날 무렵 승자를 가려야 하므로, 처음부터 교사나 혹은 외국어 실력이 좋은 학생 한 명이 구매자와 낙찰 가격을 기록하고 있었어야 한다. 그러나 승자를 발표하는 그 전 단계로서 문장 하나 하나를 문법적으로 설명해야 하는데, 이 단계는 학생들이 경매 놀이를 하면서 문장을 집중해서 **생각하는 작업**을 한 후라 비교적 신속하게 진행되어 질 수 있다.

대안:

- 학습자들이 스스로 집에서 **경매품**을 만들어 와서 놀이를 한다.
- 경매에 참가할 여러 경매인들이 있다.

이러한 형태의 **오류분석**의 장점은 형태론적으로 문장들을 집중적으로 분석하는 것과 비싸게 구매한 문장이 왜 틀린 것인지에 대해 신속하게 가설을 세워볼 수 있고 또한 진정한 의미에서 학습자의 동기를 유발시킬 수 있다는 점을 들 수 있다.

과제 28

✎ **경매할 문장들은 가급적 학생들의 1/3정도가 틀린 문장으로 구성되도록 한다! 이러한 문장들은 학생들이 계속해서 틀릴 가능성이 있으므로 수업시간에 다시 한 번 다루어야 할 필요성이 있다. 이때 틀린 문장의 오류를 문법적으로 표시하여, 학생들이 이 문장이 왜 틀렸는지를 명확하게 인지할 수 있어야만 한다.**

Der Man kaufte einen Hut. (*정서법 상 오류*)

Der Mann kaufte einem Hut. (*문법적 오류*)

마지막으로 교사세미나에서 나온 예를 소개하겠다.

> 이것은 일본인 독일어 교사가 오류징징의 주세에 관해 제안한 것으로, 반 전체를 **오류 수선소**로 만드는 것이다. 즉 오류를 그룹 내에서 수선하고 무엇을 수선하였는지를 보고한다.

놀이 원칙 4: 알아맞히기 / 경쟁

예시 1: 알아맞히기

전형적인 외국어 수업 형태는 교사가 질문하고 학생이 대답하는 식의 수업형태일 것이다. 원칙적으로 교사는 학생들이 잘 알고 있는 사실을 묻는다. 학생들은 일반적으로 교재나 혹은 문장의 특정한 부분을 질문하는 교사를 통하여 강하게 조정된다. 다시 말하면 수업시간에서나 교재에서 학생들이 자유롭게 질문하며 익히는, 그러한 연습문제들은 매우 적다.

여러분에게 학습자들이 질문하는 것을 훈련시키는 놀이 식 연습문제를 제안하기로 하겠다. 이러한 놀이는 의문사가 학습자들에게 이미 도입된 후의 시점에서 할 수 있다: 한 학습자가 질문 하나를 다른 학습자의 귀에 대고 속삭인다(이때 yes/no(ja/nein) 대답의 질문은 해서는 안 된다). 질문 받은 사람은 크게 대답을 하고, 다른 사람은 그 대답을 듣고 무슨 질문이었는가를 알아 맞추어야 한다.

예:

질문 (작게): Was machst du am Wochenende?
대답 (크게): Ich spiele Fußball.

가능한 질문들:

Was machst du am liebsten?	무엇을 하길 가장 좋아 하나요?
Was ist dein Hobby?	취미가 무엇이니?
Treibst du Sport?	운동하니?
Was machst du heute Nachmittag?	오늘 오후에 뭐하니?
Was machst du in der Freizeit?	여가시간에 무엇을 하니?

참고: 대그룹인 경우, 소그룹으로 나눠 병행해서 작업하게 한다.

대안: 교사가 질문과 이에 대한 대답을 따로 카드에 써서 학생들에게 카드를 뽑게 한다. 학생들은 교실 안을 돌아다니며 자기 카드와 짝을 이루는 카드를 가지고 있는 사람을 찾아다닌다.

문장놀이를 할 때 과제를 재빨리 끝내는 학생들이 항상 있는데, 이러한 학생들은 학습자 도우미역할을 맡아, 몇 개의 질문 유형을 칠판에 쓸 수 있다.

예시 2: 축구 경기놀이로서 문장 만들기 혹은 문장을 바꿔 표현하기

우리는 위에서 소개된 놀이나 그 밖의 놀이를 학생 들 간의 시합을 통해 어떻게 변형시킬 수 있는가에 대해 말하고자한다. 이러한 방법을 통하여 놀이는 더욱 신속하고 재미있게 진행될 수 있다.

교사들은 종종 우리들에게, 학생 수가 많아 놀이하기가 불가능하다는 말을 한다. 지금 소개할 놀이의 경우는 학생들의 수는 별 문제가 되지 않는다.

각 단원이나 혹은 문법단원에서 교재에 있는 연습문제보다 더 많이 연습을 해야만 하는 경우가 있는데, 대부분 다른 기존의 교재에서 복사해서 수업시간에 활용하게 된다. 그러나 종종 해당 단원의 어휘나 주제와 연관성이 서로 맞지 않는 경우가 있다. 그렇다면 여러분만의 수업을 위한 연습문제를 스스로 만들어 보도록 한다. 학생들이 필요한 것은 놀이진행인 스키마와 연습문제와 문법주제인데, 능동태과 수동태의 예를 들어 설명하기로 한다.

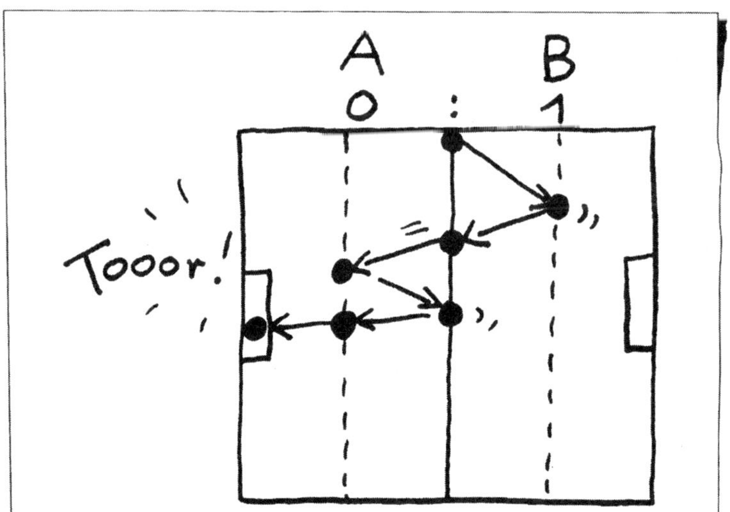

놀이 설명:

1. 그룹들은 열 개의 능동형(혹은 수동형)의 문장을 쓰고 이 문장을 맞게 전환할 줄 알아야 한다.
2. 그룹 A의 한 조원이 문장 하나를 읽고 (Mein Vater brachte meine Mutter zum Bahnhof. 아버지가 어머니를 역에 모셔다 드렸다.)

   a) 그룹 B에게
   b) 그룹 B의 조원에게

이 문장을 재빨리 수동형의 문장으로 전환시키도록 한다. (Meine Mutter wurde von meinem Vater zum Bahnhof gebracht. 우리 어머니는 아버지에 의해 역으로 갔다.)

만약 이 대답이 맞았다면 공은 상대방의 골대를 향해 굴러간다. 그러나 문제를 낸 그룹이 틀리게 답을 한다면 그 조는 위험에 처하게 되고, OHP 프로젝트 위에 동전이나 혹은 칠판에 원형으로 표시되는 **공**이 골문을 향해 굴러간다.

가능한 대안들:

그룹 내의 가장 약한 학생이 항상 대답을 하지 않게 하기 위하여, 다른 학생이 대답하게 하도록 해야 한다.

➤ 옆에 앉은 학생 한 명이(오른쪽/ 왼쪽) 대답하기 어려워하는 학생을 도와 줘도 된다.

➤ 양쪽에 있는 학생들이 함께 도와 줘도 된다.

➤ 게임이 신속하게 진행되는 것이 중요하다.

놀이를 할 때 학생들은 상대 팀에게 가급적 어려운 문장을 내도록 하며, 동시에 자신들이 낸 문장들을 풀 수 있어야 한다.

여러분은 본 구성성분의 첫 페이지에서 놀이와 문법학습은 서로 별 개의 문제라고 말을 한 교사와 학생들의 인용구를 아직도 기억하고 있는가? 이러한 놀이와 교재에서 흔히 찾아 볼 수 있는 간단한 질문들과 서로 비교해 보라. 놀이를 통해 문법을 학습하는 것은 큰 장점을 가지고 있으며, 놀이에 소요되는 시간 또한 그만큼 가치가 있다.

과제 29

이러한 방법으로 할 수 있는 주제들과 놀이를 생각해 보세요!

과제 30

수업을 위한 놀이 규칙을 써 보세요.

a) 이 놀이는 수업시간에 동일한 언어를 사용하는 학습자그룹에게 적합하다. 이 놀이에서 번역하거나 되(다시) 번역하기에서 모국어를 사용할 수 있다.

- 각 단어들
- 소 문장들
- 바꿔서 말하기

b) 그 외에도 문장을 전환하거나 보충하는 것도 이 놀이에 적합하다:

- 최상급 (Kebab schmeckt gut - ... schmeckt am besten, 케밥은 맛있다-가장 맛있다)
- 분사구문 (schreiben - geschrieben)
- 명사화 (kaufen 사다 - der Kauf 구매)
- 문장보충하기 (Wenn ich Geld hätte ..., dann würde ich ein Auto kaufen, 내게 돈이 있다면 자동차 한 대를 살텐데)
- 기타

지금까지 살펴보았던 놀이들과 놀이원칙들에 대한 자료가 없어 교사는 이를 위한 선 작업에 많은 시간을 할애해야만 했다. 여러분은 아마도 교사가 5 분간의 놀이를 위하여 여러 시간동안 복잡다단한 놀이자료를 만든다는 사실이 아마도 비현실적이다 라고 생각할 수 있다. 그러나 한번 제작한 놀이를 상황에 따라 여러 반과 여러 수업시간에 의미있게 사용한다면, 이러한 작업을 위해 소비한 시간이 헛된 낭비가 아닐 것이다. 이점은 아래에서 소개 될 마지막 두 가지의 놀이 원칙에도 적용된다.

놀이원칙 5: 카드게임

예: 문장 만들기

문장카드

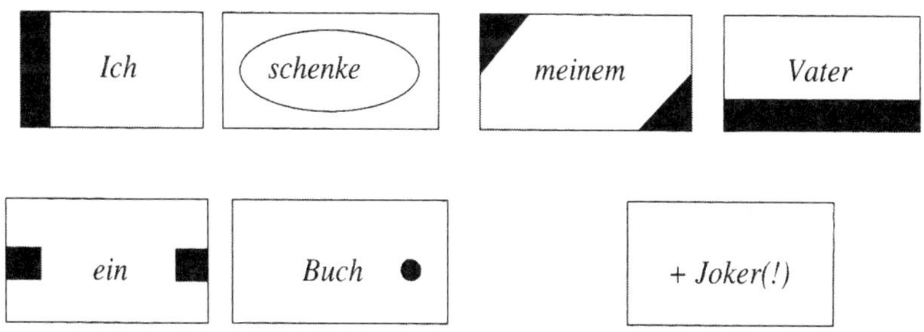

초보자를 위한 외국어수업에서 학습자들이 독일어의 어순을 이해하는 것이 매우 중요하다. 독일어로 이해한다는 것은 **이해하기**와 **적용하기**라는 두 가지의 의미를 가진다. 이러한 두 가지의 의미는 문법 수업에서도 중요하다. 카드로 놀이하는 것은 **이해를 위한 문법수업**이다.

학습자에게 낱말카드가 들어 있는 봉투를 주고 그룹에서 가급적 많은 문장들을 만들어 보도록 하게 하는 놀이는 학습자들을 소극적인 학습 자세에서 벗어나게 한다. 이외에도 문장 성분의 특성을 색(표시)으로 그리고 움직일 수 있게(각 부분들이 좌우로 움식임)하는 것은 학습자들이 문장 성분들 사이의 연관성을 지속적으로 기억하는데 도움을 준다. 조커는 문장을 더욱 창조적으로 만든다.

위와 같은 종류의 카드묶음을 제작하는 과정은 다음과 같다:

a) 교사가 모든 것을 맡아 한다.

b) 놀이용 카드를 만드는 것은 우선 교사가 제작한다. 그러나 다음번엔 이러한 카드들을 수업의 일부분으로 만든다.

이 놀이를 하기 위한 작업순서들은 아래와 같다:

1. 동일한 작업 과정을 위하여(모든 그룹들은 동일한 카드세트를 사용한다): 교사는 문장의 모든 낱말들을 특정한 색의 카드에 써넣고 네 그룹이라면 네 개의 카드묶음을 준비한다.

혹은

2. 교사는 DIN-A4-종이 한 장을 여덟 조각이나 혹은 더 많은 조각으로 나눈다.

   - 위의 종이를 계획한 연습문제의 문장의 수만큼 복사한다.
   - 연습을 위한 문장성분을 품사별로 쓴다.
   - 문장성분들을 (151쪽, 상단과 같이) 표시한다.
   - 전체를 다시 한 번 복사 한다 (그룹 당 한 세트)
     복사한 것을 두꺼운 종이에 붙여 그 부분을 잘라낸다.

3. 교사는 한 문장을 낱말차원에서 서로 다르게 네 종류로 만들어 이것을 색지에 쓴다. 이 문장들은 동일한 구조를 가지나 서로 다른 낱말로 변형되어 있다.

예:

Der / Mann / wollte / ein / Haus / kaufen

Die / Frau / musste/ die / Lampe /umtauschen

....

교사는 각 그룹에게 문장세트 하나씩 나눠준다. 놀이 과제는 가능한 한 빨리 맞는 문장을 많이 만드는 것이며 카드를 다 사용한 그룹이 이기는 팀이 된다. 놀이는 동일한 방법으로 세 번 진행되기 때문에 모든 그룹이

한 번 씩 이길 수 있으며, 이렇게 하여 놀이의 효과를 극대화 시킬 수 있다.

여기서 중요한 것은 학습자들이 이러한 카드놀이를 통해 문법을 잘 인지하고 기억하는 효과를 갖도록 교사가 카드제작을 하는데 심사숙고하여야 한다는 것이다. 학습자들이 카드의 색과 형태를 통하여 (4.2 문법구조의 시각화 참조) 문장 내에서 카드의 위치에 대한 힌트를 얻을 수 있어야 한다.

예를 들어, 이러한 카드세트를 새로운 구조를 설명하기 위하여 사용할 수 있다 (동일한 문장성분들은 동일한 기호로 표기된다).

Gestern habe ich ein Eis gegessen.

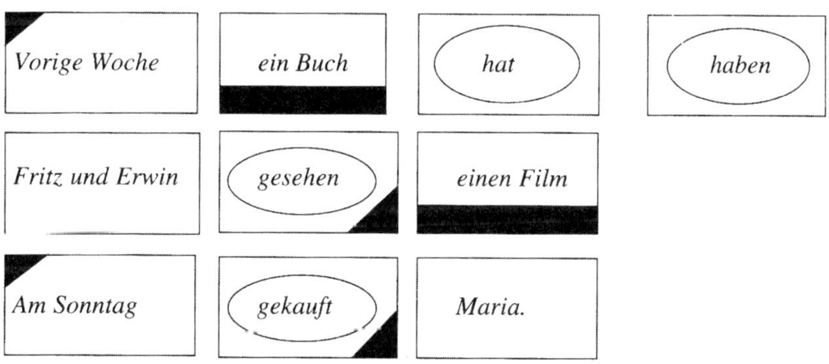

교사가 문법규칙을 다시 설명하지 않아도 학습자들이 그룹으로 문장을 만들 때 이것을 잘 기억할 수 있게 된다.

수업을 마치면서 교사는 모국어로 학생들이 어떻게 답을 알아냈는지, 카드의 위치를 어떻게 인지하게 되었는지 등 학습법에 관하여 학생들과 이야기를 나눈다. 이러한 토론은 학습자들에게 학습법을 다시 한 번 상기

시키고 또한 다음번에 좀 더 쉽게 실행될 수 있도록 하게 한다는 의미에서 매우 중요하다.

과제 31

이러한 방법으로 어떠한 문법 규칙을 연습할 수 있는지 생각해 봅시다. 이러한 카드게임을 한 번 만들어 보고 학생들을 위한 놀이설명서를 써보세요.

놀이 원칙 6: 메모리

학생들이 잘 알고 있는 게임으로 메모리게임이 있는데, 이 게임은 두 개씩 서로 쌍을 이루는 카드세트로 되어 있다.

메모리 놀이는 매우 간단하다. 예를 들어 그림과 이에 상응하는 독일 낱말들로 되어 있는 이십 장의 카드를 뒷면만이 보이게 하여 책상위에 놓는다. 한 학생이 두 장의 카드를 뒤집어 읽은 후 다시 제 자리에 놓는다. 만약 카드 두 장이 서로 짝을 이룬다면 그 카드들을 가지게 되고 또 다른 두 장의 카드를 뽑게 된다. 계속하여 그 다음 학생차례가 되며, 카드의 짝을 가장 많이 맞춘 사람이 승자가 된다.

아래와 같이 두 장의 카드가 짝을 이룰 수 있다:

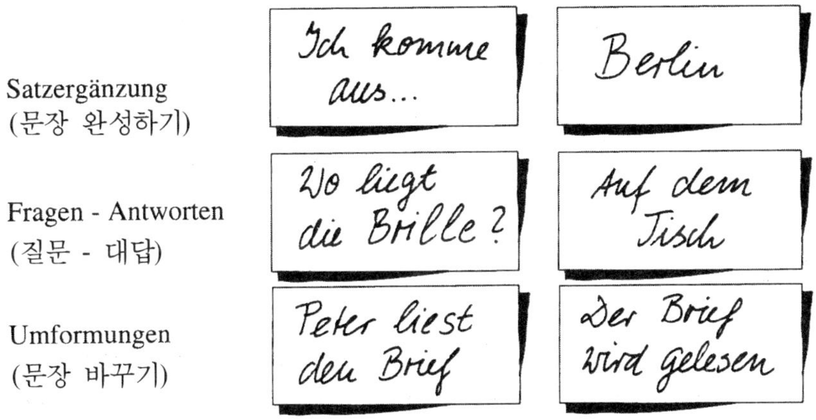

메모리게임은 그룹놀이로 적합하며 토너먼트로 이긴 조끼리 서로 경쟁을 하여 최종 승자를 가린다.

이러한 놀이는 진도 상 서로 다른 시간대에 할 수 있고 변형시킬 수 있다. 문장완성을 위한 카드게임의 예에서 잘 보았듯이, 교사가 교재에 나오는 문법을 설명하는 것 대신에 카드를 나눠주고 카드 맞추기 놀이를 하라고 할 수 있다. 이때 메모리게임을 위한 설명도 생략한다. (이것을 능동/수동문장 전환놀이에 사용할 수 있다). 이러한 방식으로 학습자들은 문법 규칙을 학습자 주도적으로 연구하며 또한 문장이 어떠한 규칙 속에서 서로 결합되어 있는지를 생각해 볼 수 있다. 교사는 나중에 학생들이 어떠한 원칙에 따라 문장을 배열하였는지에 대해 다시 한 번 이야기해 볼 수도 있다. 이러한 방법으로 문법 구조에 대한 학생들의 부담감을 덜어 줄 수 있다. 학습자들은 무의식적으로 문장 내에서 서로 결합되어 있는 문장요소들을 인지하고 또한 문법규칙을 익히게 된다. 이러한 경험을 통해 익힌 문법을 수업시간의 대화연습을 통해 체계화할 수 있다.

메모리 카드놀이는 또한 수업시간에 익힌 문법구조를 복습하는데 사용할 수 있다.

메모리 놀이의 장점은 카드 한 장 한 장을 뒤집으면서 같은 내용을 여러 번 반복하여 읽음으로써 학습의 효율성을 높이고 집중 효과를 얻을 수 있다는 점이다. 이것은 "이것을 여러 번 읽으세요!" 등등의 교사의 단순한 요구를 통해 결코 이루어 질 수 없다.

과제 32

문법 문제를 주제로 메모리 카드를 만들고 문법시간의 어떤 단계에서 그리고 어떠한 학습목표를 위하여—문법구조 혹은 연습의 도입—카드놀이를 하려는 지를 생각해 보세요! 놀이를 위한 설명서도 만들어 보세요!

요약

외국어수업의 교수 방법론에 대한 최근 연구에서 또다시 학습자의 개성에 대한 관심이 고조되고 있다. 이것은 학습자료 외에 학습조건, 학습법 그리고 무엇보다도 학습 성공을 위한 학습자 개인의 기여도에 관심을 가진다는 것이다. 바로 이러한 점에서 놀이방식의 수업은 매우 효과적이다. 놀이를 통한 학습자들의 동기유발효과는 논쟁의 여지가 없다. 학생들이 놀이를 통하여 더욱 잘 배울 수 있고 이렇게 습득한 지식은 확실히 더 오래 기억한다.

위의 놀이 예에서 보았듯이 학습자들은 놀이방식을 통해 더욱 빠르고 더 효과적으로 언어를 습득하고 사용할 수 있다. 외국어 수업에서의 놀이를 통해 얻는 이러한 효과들에 대해 다시 한 번 짧게 언급해 보기로 한다.

아래의 사항들은 지면상의 이유, 즉 실습방식에 대한 설명을 위해서 더 많은 공간을 할애할 것이기 때문에 이 자리에서는 이에 대한 자세한 설명은 생략하고 주요 항목들만 적어 보기로 한다. 놀이 예에 대해 이야기 할 때 여러분들은 각 항목들을 다시 한 번 인식할 수 있을 것이다.

놀이는 학습자의 개성에 어떠한 의미가 있는가?

놀이란 ....

- ... 학습자 개개인의 행동을 발달시킨다.
- ... 교실에서 학습자들이 서로 쉽게 교제하게 한다.
- ... 협동심을 기르게 한다.
- ... 감정이입, 즉 다른 사람의 입장이 되어 보는 능력을 강화한다.
- ... 창의력을 기른다.
- ... 두려움과 심리적 압박을 감소시켜준다.
- ... 학습자들이 현실을 극복할 수 있게 해준다. (역할극)
- ... 갈등에 대처할 수 있게 한다.
- ... 자신과 타인의 경험사이에서 중재한다.

외국어 수업에 있어서 놀이는 언어능력과 언어기능 발전에 어떠한 의미를 가지고 있는가?

놀이란 ....

- ... 의사소통능력을 발달시킨다.
- ... 네 가지의 모든 언어기능을 발달시키는데 사용될 수 있다.
- ... 예를 들어 표현 영역내의 특별한 능력을 부분적으로 을 발달시킨다.

수업에서의 놀이는 어떠한 의미가 있는가?

- ➤ … 사람들은 외국어를 단지 먼 장래를 위하여 배우는 것이 아니라, 주어진 대화상황의 다양한 연관관계에서 직접 사용할 수 있도록 배운다.
- ➤ … 교사는 끊임없이 학생들을 교정해줘야 한다는 의무감에서 벗어난다.
- ➤ … 학습자와 교사의 역할과 기능이 바뀌진다.
- ➤ … 그룹 내에서 학습자들의 서로 다른 학습능력은 상호 보완적 기능을 수행하며 차등 작업을 하게 한다. 언어능력이 좀 뒤떨어지는 학생들과 함께 놀이하고 연습할 수 있으며 최대 능력을 항상 발휘 할 필요는 없다.
- ➤ … 큰 그룹에서의 놀이는 서로의 언어 소통의 확장을 (무엇보다도 상대방 그룹을 통하여) 꾀할 수 있으며 많은 학생들이 수업활동에 동시에 적극적으로 참여할 수 있게 한다.
- ➤ … 놀이는 대부분 외국어로 가까운 장래에 할 언어행위들을 연습하도록 동기 유발시키고 활동분야에 대한 학습자의 긍정적인 자세를 강화시킨다.

놀이를 통한 수업은 위와 같이 긍정적인 면이 많음에도 불구하고 학습현장에서 **시간 때우기**와 같은 존재로 그 중요성이 자주 간과된다. 외국어수업에서 놀이가 효율적인 학습이라는 사실이 교육현장에서 증명되었다. 본 구성성분에서 놀이들이 많이 소개하지 않았지만 소개된 놀이와 그 규칙에 대해서는 상세히 설명하였다. 여러분들이 수업시간에 놀이수업이 가지고 있는 잠재적인 저력을 직접 체험하기 바란다.

놀이는 여러분이 생각하는 것 이상으로 여러분의 수업에서도 활용 가치가 있을 것이다.

여러분과 여러분의 학생들의 삶이 좀 더 쉽고 유희적으로 되길 바라며 위의 놀이 중 몇 가지를 해보기를 바란다.

네 번째 구성성분

4.4 학습자들이 문법규칙을 발견한다—학습자 주도 문법수업

만약 여러분이 지금까지 이 책의 특성을 정의할 수 있었다면, 그것은 분명히 다음과 같았을 것이다:

a) 학습자들에게 내재되어 있는 학습자들의 인지력 및 창의력을 일상 수업에서 더욱 활성화시킨다.

b) 교사의 새로운 역할에 대한 도전. 교사는 학습 과정을 조직하는 사람이 되어야 하며 또한 가르치는 것 뿐 아니라 학습자들에게 학습과정을 함께 결정할 수 있는 가능성을 열어줄 수 있어야 한다.

문법규칙을 전달할 때, **문법을 이해하기**가 어려운 것처럼 느껴지지만 **적용하기**는 더더욱 힘든 것으로 보인다. 외국어 수업시간에서 문법을 전달하는 데 많은 시간이 소요되며 더욱이 교사위주의 수업에서는 말하기, 듣기 등의 수업 시간보다 문법에 더 많은 시간이 할애된다. 그 이유는 무엇이라고 생각하는가?

이 책의 8 쪽에 나와 있는 표를 다시 한 번 보길 바란다!

대부분의 교사들은 학생들에게 새로운 문법규칙을 가르치는 것이 어렵다고 말을 하며, 학생들 또한 선생님이 문법을 설명하는 것을 잘 이해 할 수 없다고 호소한다. 이러한 사실은 아래와 같은 두 가지의 문제점을 시사한다.

1. 문법 규칙을 전달하는데 있어서의 교사들의 어려움

2. 학생들의 문제점. 예를 들어 학생들이 수업시간이나 선생님의 도움 없이 스스

로 집에서 문법자료 (교재, 문법서 등)에 나오는 문법 규칙을 이해하고 적용해보려 할 때에 오는 어려움.

많은 학습자들은 수업시간에 교사가 문법을 너무 빨리 설명하고, 한꺼번에 너무 많은 양을 다루며, 또한 복잡한 문법개념이 많이 나온다고 생각한다.

수업시간에 학습자들은 자주 과도한 부담감을 느끼게 되며 이것은 수업집중의 문제로 이어지게 된다. 결국 학생들이 수업을 듣지 않게 되는 것으로 끝이 나게 되고, 학생들은 수업을 따라 갈 수 없다고 호소하게 된다. 결국 학습자는 문법에 두려움을 가지게 되고 (누구도 바보같은 질문을 하려하고 않는다.) 종종 낙심하게 된다 (정말 너무 복잡해서 하나도 이해하지 못하겠어!).

교사 자신은 학습자들이 갖는 이러한 문제를 자주 접할 수가 없기 때문에 이러한 문제를 전혀 인식하지 못한다. 교사가 학습자들에게 문법을 쉽게 설명고자 할 때 교사 나름대로의 교육방식, 교사용 자료 그리고 그들이 알고 있는 문법이 원칙적으로 큰 도움이 되지 못하므로 학생들에게 자주 다음과 같은 말을 하게 된다: 문법은 이렇게 어려운 것이며 너희들은 이것을 배워야만 한다. 여기에서 이해할 것은 하나도 없다. 문법은 (원래) 이런 것이다.

만약 학생들이 문법을 이해하지 못했다면, 학생들은 수업시간이나 수업시간 외에서 무엇을 할 수 있을까? 만약 동급생이나 지인이 외국어학습의 이러한 문제를 도와주지 않는다면 학생들에겐 문법규칙과 문법의 연관성이 설명되어 있는 교재밖에 남아 있지 않게 된다. 그러나 이러한 자료들 또한 학생들을 힘들게 만드는 그러한 문제들을 해결하는데 그다지 도움이 되진 않는다:

➤ 이러한 자료들은 언어적으로 너무 복잡하다.

➤ 이러한 자료에 나오는 새로운 많은 문법 개념들은 학생들이 이미 다 이해하고 있다는 사실을 전제로 하기 때문에 상세히 설명되어 있지 않다.

➤ 이러한 자료들은 대부분 불충분하다.

➤ 이러한 자료들은 흥미롭게 구성되어 있지 않다.

➤ 일반적으로 이러한 자료들은 추상적이거나 보충 설명 없이 표현되어 있다.

학습자들이 수업시간에 어떤 문법규칙을 이해하지 못했고, 교사는 이것을 제대로 설명할 수 없다는 **악순환의 고리**는 이미 예견된 것이다. 학습자가 집에서 이것을 복습하면서 이해해보려고 하지만 그들이 가지고 있는 자료로는 어떻게 할 수가 없다. 학습자가 이해하지 못했다는 사실은 수업시간에 불만족스런 결과를 초래하고 (테스트, 구두로의 질문, 미흡한 숙제 등등...) 학습자는 그 부분을 또 다시 붙잡고 씨름해야 한다.

문법 소개는 수업시간에서나 수업시간 외에 매우 중요한 의미를 갖는다. 교사들은 자주 텍스트를 먼저 다루고, 그 속에 있는 규칙과 예들을 찾아 읽고 곧바로 연습문제로 넘어간다. 이렇게 수업하는 이유는 교사가 이러한 수업방식으로 학생들이 문법을 제대로 이해했는가를 점검할 수 있기 때문이며, 또한 이 방식에 익숙해져 있기 때문이다. 그러나 실제로 이러한 방법으로 학습자들이 문법을 제대로 이해하였는가를 확인하기란 쉽지 않다. 또한 학습자들이 패턴 연습을 정확하게 하는 것과 그들의 문법규칙능력과는 정비례하지 않는다는 것은 이미 앞서 언급하였다.

교사의 구두 설명이나 판서 외에 수업시간에 어떠한 자료들이 더 있을 수 있을까? 이러한 자료들을 아래와 같이 구분할 수 있다:

- ➤ 교재의 문법
- ➤ 교재와 상관 없는 문법
- ➤ 교재와 관련된 문법

본 구성성분에서는 학습자들이 이러한 자료들을 자율적으로 사용할 수 있도록 하기 위한 몇 가지 제안을 하도록 하겠다. 먼저 교재의 문법 설명을 살펴보기로 한다.

4.4.1 교재의 문법 설명

학습자들은 문법을 교재의 문법란이나 각과의 문법 설명란에서 처음 접하게 되는데, 대부분의 경우 그곳에 문법에 대한 간략한 개요가 소개되어 있다. 학생들은 이러한 개괄적인 문법 개요를 통하여 문법의 무엇을 참조하며, 무엇을 이해하고, 혹은 무엇을 해야 하는지를 알 수 있게 된다. 외국어교재는 원칙적으로 일반 학습자집단을 위해 쓰여 있어, 특정 학습자그룹의 특별한 요구는 반영되어 있지 않으며, 더욱이 학습자 개개인의 요구사항들은 등한시 되어 있는 상황이다.

과제 33

Schulz/Griesbach의 교재에서 아래 페이지를 찾아 읽으세요! 그리고 메모해 보세요: 학습자들이 문법 설명을 잘 이해하기 위하여 어떠한 문법개념들을 알아야 할까요? 학습자들이 문법을 이해하는 것을 어렵게 할 수 있는 요소들을 모두 찾아 적어 보세요!

형용사 어미변화

Wer ist der alte Herr dort? — Er ist der Lehrer meines guten Freundes Hans. — Er schreibt jetzt seinem kranken Sohn einen langen Brief.

Das kleine Haus hat ein schönes Dach. — Ein langes Gespräch am Telefon kostet viel Geld.

Die kurze Fahrt in die nächste Stadt dauerte nur eine halbe Stunde.

Heute ist der 5. (fünfte) Januar. Am 10. (zehnten) Januar fahre ich nach Haus.

Singular

	maskulin	neutral	feminin
Nom.:	der alt-e Mann ein alt-er Mann	das klein-e Haus ein klein-es Haus	die lang-e Fahrt eine lang-e Fahrt
Akk.:	den / einen alt-en Mann	das klein-e Haus ein klein-es Haus	die lang-e Fahrt eine lang-e Fahrt
Dat.:	dem / einem alt-en Mann	dem / einem klein-en Haus	der / einer lang-en Fahrt
Gen.:	des / eines alt-en Mannes	des / eines klein-en Hauses	der / einer lang-en Fahrt

Plural

Nom.:	die alt-en Männer	die klein-en Häuser	die lang-en Fahrten
Akk.:	die alt-en Männer	die klein-en Häuser	die lang-en Fahrten
Dat.:	den alt-en Männern	den klein-en Häusern	den lang-en Fahrten
Gen.:	der alt-en Männer	der klein-en Häuser	der lang-en Fahrten[1]

		m.	n.	f.
Sing.:	Nom.	-e -er	-e -es	-e -e
	Akk.	-en	-e -es	-e -e
	Dat.	-en	-en	-en
	Gen.	-en	-en	-en
Plur.:			-en	

[1] keine alten Männer, keine kleinen Häuser, keine langen Fahrten = die alten Männer, die kleinen Häuser, die langen Fahrten.

단수 규칙

1. nach dem **bestimmten Artikel** im **Nom.** -e
   im **Akk. neutr. u. fem.** -e
2. nach dem **unbestimmten Artikel** und
   den Possessivpronomen im **Nom mask.** **-er**
   im **Nom. u. Akk. neutr.** **-es**
   im **Nom. u. Akk. fem.** **-e**

   Der letzte Konsonant des bestimmten Artikels kommt an das Adjektiv: (de)*r*, (da)*s*.
3. in den übrigen Fällen hat das Adjektiv **die Endung -en.**

복수 규칙

nach dem **bestimmten Artikel, Demonstrativpronomen** und nach den **Possessivpronomen** immer **-en**

Merken Sie sich:

dunkel: die dunk**le** Nacht	**rechts**: die rech**te** Hand	**anders**: die and**ere** Seite
teuer: der teu**re** Hut	**links**: das lin**ke** Bein	**hoch**: der ho**he** Berg

출처 Griesbach (1955), 77/78

위의 예에서 보았듯이, 서로 다른 개념들을 사용하여 문법이 설명되었다면 학습자들은 문법을 이해하기가 힘들게 된다. 최근 출판된 문법서의 문법 설명도 학습자들이 이해하기가 쉽지 않게 되어 있다.

S. 130 **2.** 문장 내에서 동사와 보충어들: 4격과 3격 보충어를 가진 동사들

	Inversions-signal	Subjekt	Verb	Subjekt	unbetonte obligator. Ergänzung	Angabe	obligatorische Ergänzung	Verb
							was?	haben
							Geburtstag	haben
					wem?		was?	schenken empfehlen kaufen
		Fred	hat			morgen	Geburtstag.	
	Was		kann	Carola	ihm			schenken?
		Lisa	empfiehlt		ihr		eine Platte.	
Aber		Carola	möchte		ihm		keine Platte	schenken.
	Deshalb		kauft	sie	ihm		ein Buch.	
					Dativergänzung		*Akkusativergänzung*	

출처 Aufderstraße (1983), 136 (원본, 컬러)

교사세미나에서 우리들은 문장구조에 관한 위의 도식이 교사들에게도 어려움을 준다는 말을 종종 듣고 있으며, 우리 또한 동감한다. 위의 표에서 모든 문장성분들이 앞으로 도치될 수 있음을 아는 것이 무슨 도움이 될까? 그리고 (위의 도식에 나오는) 강조되지 않은, 그리고 강조된(필수) 보충어와 부가어[3] 사이의 차이점을 학생들에게 어떻게 설명할 것인가? 꼭 이러한 방식으로 설명해야 하는가? 위의 표의 많은 문장에서 부가어와 보충어가 주어진 순서대로 배열되어 있지 않고 또한 빈 칸이 많이 있어 학생들을 혼란스럽게 만들며, 문법을 스스로 공부하려는 학생들은 이로 인해 어려움을 겪게 될 것이다.

4.4.2. 교재와 상관 없는 문법 설명

문법 문제를 해결하기 위하여 학습자가 교재와 무관한 참고서를 문법서로 사용하려고 하면 어떻게 될까? 학습자가 아래의 문장을 쓰고 부정어가 올바르게 사용되었는지를 알고자 한다.

Das ist kein schönes Auto. 이것은 멋진 차가 아니다.

학습자는 Helbig/Buscha(1972)의 문법서를 찾아본다.

- 목차 5 - 16쪽
- 사항색인 615 - 624쪽
- 어휘표 625 - 629쪽

3) 본 역서에서 보충어란 명사구로서 문장에서 3격(wem), 4격(was, wen)의 역할을 하는 문장성분을 말하고 부가어란 명사구를 제외한 부사구, 전치사구 등을 말한다.

학습자가 부정어 kein을 목차에서 찾아보려고 한다면 아마 찾지 못할 것이다. 그러나 이것을 2.7.3장의 "부정어" 그리고 2.7.3.2.2장의 "부정과 긍정과의 연관관계"에서는 찾을 수 있다.

출처 Helbig (1972), 13

만약 학습자가 어휘표에서 kein을 찾아본다면 이에 관련된 낱말들이 많은 것에 놀라게 될 것이다.

출처 Helbig (1972), 626

만약 학습자가 사항 색인에서 kein을 찾으려한다면 찾지 못할 것이고, 부정(Verneinung)을 찾는다면 '부정(Negation) 참조'라는 말을 찾게 될 것이다. 부정어에서는 'kein -nicht 참조'라는 말과, 서로 다른 아래와 같은 세 가지를 찾게 될 것이다.

출처 Helbig (1972), 623

출처 Helbig (1972), 619

학습자들이 자주 목차와 참조에 쓰여져 있는 문법개념들 사이의 연관관계를 알아내는 것이 힘이 드는 등, 문법을 이해하기가 쉽지 않은 것으로 나타났다. 가장 최악의 경우에는 학습자가 문법에 대한 설명을 이해하기 위하여 문법서 한 장 한 장을 뒤져야만 한다.

여러분들은 여기서 우리가 무엇을 말하고자 하는지를 알았을 것이다. 학습자들은 교재와 무관한 문법 찾는 법을 배워야만 하고, 최소한 문법이 어떻게 구성되어 있는지를 알아야만 한다. 또한 여러 가지 색인들과 하위 세목을 읽을 줄도 알아야 한다. 그러나 이것이 그렇게 쉬운 일이 아니다. 아래의 예를 가지고 한 번 스스로 실험해 보기를 바란다.

과제 34

아래의 문법 개념들 중 어느 것을 잘 알고 있나요? x 표시를 해 보세요!

Satznegation (totale Negation) 351, 455, 457ff.
Satzperiode 564f.
Satzverbindung 559ff.
Satzverflechtung 122, 505ff.
Schaltsatz 564, 604, 606
semantische Verträglichkeit (von Verb und Adverb) 313
Semikolon 606
Sexus (natürliches Geschlecht) 238f.
Singular 31, 246ff.
Singularfähigkeit 194f.
Singularitantum 197, 246ff.
Sondernegation (partielle Negation) 351, 455, 457ff.
spezifizierende Konjunktion 409, 588
Spitzenstellung (des Verbs) 499, 56
Sprachbezeichnung 217f.
Sprechakt 121f.
sprechende Person 30
Sprecherintention 498

문장부정(완전 부정) 351, 455, 457ff
문장 주기 564f
문장연결 559 ff
문장의 엮음 122, 505 ff
삽입문장 564, 604, 606
의미론적 부합성 (부사와 동사의) 313
세미콜론 606
성 283 f.
단수 31, 246 ff
단수 가능성 194f
단수로만 사용되는 명사 197, 246 ff
특수 부정 (부분 부정) 351, 455, 457 ff
상술 접속사 409, 588
(동사의) 첫 번째 자리 499, 56
언어지칭 217f.
말하는 사람 30
말하는 의도 498

출처 Helbig (1972), 622

학습자들은 수업시간에 이러한 문법용어들과 참고서 시스템을 이해하는 법을 체계적으로 연습할 수 있다.

수업 학습 모델:

Ich habe **mich** gefreut. 나는 기뻤다.

여러분은 위의 문법정보를 여러분이 가지고 있는 문법서 어디에서 얻을 수 있다고 생각하나요?

- ☐ Passiv 수동태
- ☐ Negation 부정
- ☐ Reflexivpronomen 재귀대명사
- ☐ Dativ 3격
- ☐ Partizipialattribute 분사 구문

학습자들은 수용적 방식으로 조금씩 이러한 문법용어들과 친숙해 질 수 있다.

문법용어들에 대해 잠시 이야기해 보기로 하자.

대부분의 문법서나 교재는 라틴 문법 용어들로 쓰여 있어 학생들은 문법 교재와 수업시간에 접하게 되는 문법개념들을 이해할 수도 없으며 또한 사용할 수도 없다. 만약 학습자들이 이것을 이해하려고 한다면 최소한의 중요한 라틴 문법용어들을 알아야만 한다. 학습자들은 수업시간에 연습문제를 통하여 이러한 문법용어들의 올바른 사용법을 익힐 수 있다(여기에서 다섯 번째 구성성분을 참조하기 바란다!).

이러한 문법 용어들과 구체적인 예문들이 서로 결합되어 있는 연습문제 두 개를 여러분들에게 소개하기로 하겠다.

과제 35

연습문제를 풀고 계속하여 a와 b의 서로 다른 점을 상술하세요.

a)

Übungen

11.1 Bestimme die **Wortart** jedes einzelnen Wortes des folgenden Textes und schreibe sie in die dafür vorgesehene Spalte.
(Achtung! Manche Wörter werden bei Gebrauch in einem Satz auseinandergerissen; so gehören z. B. die Wortteile *taten* und *weh* zu dem **einen** Verb *wehtun*.)

Die Ameisen

In Hamburg lebten zwei Ameisen,
die wollten nach Australien reisen.
Bei Altona auf der Chaussee
da taten ihnen die Beine weh,
und da verzichteten sie weise
dann auf den letzten Teil der Reise.

JOACHIM RINGELNATZ

연습문제

11.1 아래의 텍스트에 나오는 각 낱말들의 품사를 정의하고 주어진 칸에 쓰세요.
(주의! 대부분의 낱말들은 문장에서 사용될 때 서로 분리되어 진다; 예를 들어 낱말성분 taten과 weh는 weh tun이라는 한 동사에 속한다.)

개미들

함부르크에 개미 두 마리가 살았다.
그들은 호주로 여행가려고 했다.
Chau해의 알토나근처에서
개미들은 발이 아파서
그들은 얼마 남지 여행을
현명하게 포기 했다.

JOACHIM RINGELNATZ

(텍스트) Text:	(문장성분) Wortart:	(텍스트) Text:	(문장성분) Wortart:
Die		der	
		Chaussee	
Ameisen		da	
in		taten	
Hamburg		ihnen	
lebten		die	
zwei		Beine	
Ameisen,		weh,	
die		und	
wollten		da	
nach		verzichteten	
Australien		sie	
reisen.		weise	
Bei		dann	
Altona		auf	
auf		den	
letzten		der	
Teil		Reise.	

출처 Kelle (1981), 50-52

b) 아래의 문법 개념들을 기억하고 있나요? 문장성분들과 문법개념을 알맞게 연결해보세요.

war	Possessivpronomen, 1. Person Singular
wir	2. Person Singular von "sein", Präsens
Ich habe einen Freund.	Nomen, Plural
mein(e)	3. Person Singular von "sein", Präteritum
Das Haus ist weiß.	Personalpronomen, 3. Person Singular, Akkusativ
ihn	Personalpronomen, 1. Person Plural, Nominativ
bist	Nominativergänzung
die Autos	Infinitiv
haben	Akkusativergänzung

war	소유대명사, 1 인칭 단수
wir	sein동사, 현재형의 2 인칭 단수
Ich habe einen Freund.	명사, 복수
mein(e)	sein동사, 과거형의 3 인칭 단수
Das Haus ist weiß.	인칭대명사, 3 인칭 단수, 4격
ihn	인칭대명사, 1 인칭 복수, 1격
bist	1격 보충어
die Autos	동사의 부정형
haben	4격 보충어

출처 (eigenes Material)

위의 두 개의 연습문제를 비교해본 결과, 연습문제 a)는 학습자가 모든 개념을 다 알고 또한 기억하고 있다는 것을 전제로 한다. 그런데 학습자는 이러한 유형의 연습문제에서 자주 실수를 하게 된다. 이에 반해 연습문제 b)에서는 학습자가 문법 개념들을 다시 한 번 자신의 기억 장치 속에서 불러 와 이러한 개념들과 이에 대한 문법 설명을 서로 비교함으로써 답을 찾을 수 있게 한다. 학습자들은 이러한 **소프트한** 방법으로 문법용어와 설명의 사용법을 익히게 된다.

문법용어에 대해서 그만 이야기하기로 하고 이러한 용어들의 사용 규칙에 대해 이야기 해보기로 하자.

4.4.3 학습을 돕는 문법규칙

우리는 제 3 장에서 문법규칙들이 외국어학습에 도움이 된다는 사실을 언급하였다. 아래의 연습문제를 통해 스스로 실험해보기를 바란다.

과제 36

다음의 규칙들을 읽고 이 규칙을 설명할 수 있는 예를 하나 쓰세요!

122 Die **Satznegation** *nicht* und die **Modalglieder** (*auch, schon, noch* u.a.) besetzen den letzten offenen Stellplatz im Informationsbereich.

122 문장의 부정어인 nicht와 양태성분(auch, schon, noch 등등)이 정보영역에서 마지막의 빈 문장성분의 위치를 채운다.

위의 과제를 해결하는 것이 어려웠나요? 어려웠다면 그 이유는 무엇인가요? 규칙을 설명하기 위한 아래의 예문을 보고 "좀 더 쉽게" 설명할 수 있는 방법을 생각해 보세요!

Warum habt ihr | **nicht** auf uns gewartet?
Ich bin gestern | **auch nicht** zur Arbeit gegangen.
Wenn mehrere Modalglieder zusammentreffen, stehen sie in der Reihe: *auch nicht, auch schon, noch nicht, auch noch nicht* usw.

Warum habt ihr | **nicht** auf uns gewartet?
Ich bin gestern | **auch nicht** zur Arbeit gegangen.

여러 개의 양태성분들이 함께 오면 문장에서 이러한 차례대로 위치한다.: auch nicht, auch schon, noch nicht, auch noch nicht 등등

출처 (Griesbach 1981), 46

학습자들에게 문법을 설명할 때 특별히 문제가 되는 것은 복잡한 설명과 산만하게 도식화된 문법모델이다.

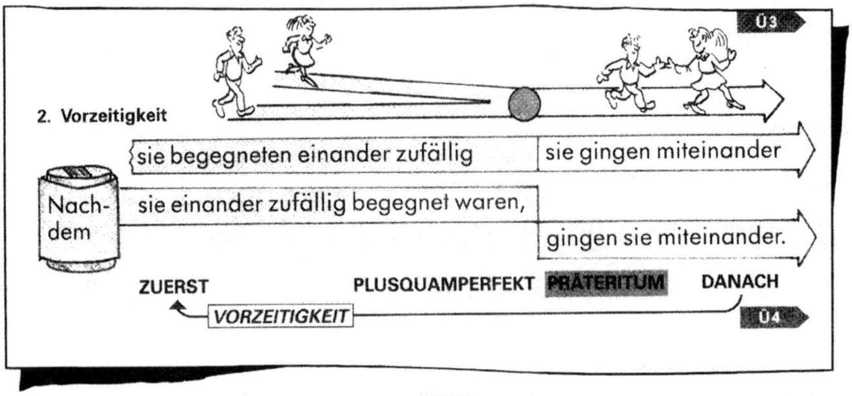

출처 Neuner (1987), 36 (원본은 컬러)

학생들이 이러한 규칙들을 이해하는 데 문제가 없는지 시간을 내어 살펴보세요.

위와 같은 유형의 도식은 학습자들이 문법을 익히는데 도움이 되지 않고 도리어 혼란스럽게 만든다. 이것은 한 눈에 보기에는 논리적으로 정돈되어 있는 하지만 그 속에 복잡함이 숨겨져 있다. (이 점은 교재 『Themen』의 118쪽의 예문에서 본 바와 같다). 모든 학습자들이 이러한 유형의 문법설명을 어려움 없이 읽을 수 있는 것은 아니다.

이러한 수업자료들은 **시스템전달 학습** (systemvermittelndes Lernen)의 원칙에 준해 쓰여져 있다. 시스템 전달학습이란 하나의 완성된 시스템으로서 학습자들이 과제를 해결할 때 사용하도록 만들어진 것이다. 그러나 이러한 종합 시스템방식의 설명은 부분적으로 종종 학습자들이 이해하기가 매우 어렵다는 사실을 보여주고 있다. 학습자에게 (그리고 교사에게도) 중요한 것은 이러한 시스템이 만들어 지는 과정을 유추할 수 있게 하는 것이고, 가장 바람직 한 것은 함께 만들어 보는 것이다. 수업시간에 학습자들의 원활한 의사소통 활동을 위해 더 많은 공간을 확보하고자 한다면, 문법을 전달할 때 지금보다 더 많이 학습자들을 참여시켜야만 한다. 그리고 학습자들을, 학습을 적극적으로 계획할 줄 알고 또한 학습 자료를 더욱 더 자율적으로 다룰 줄 아는 사람으로 발전시켜야 한다.

요약

지금까지 다룬 내용을 요약해 보기로 한다. 교재나 혹은 교재와 상관이 없는 문법서에서 문법을 설명하기 위해 사용된 모든 예문들은 크던 작던 학습자들이 이해하는 데 어려움을 가져온다. 이러한 방식의 설명은 맞춤형 완성 시스템으로, 학습자가 이와 관련된 연습 문제와 과제를 풀기위하여 알고 있어야 하고 또한 사용할 줄 알아야 한다. 그러나 모든 학습자나, 혹은 최소한 서로 다른 문화속의 학습자그룹들은 자신들만의 방식을 사용하여 언어 규칙성을 분석하고 이에 관련된 문법규칙들을 만든다.

최근 몇 년 사이에 외국어교육에서 창의적 요소들이 수용되고 있다. 학습자들이 자신의 이야기를 쓰고 문학적 작품을 공감하는 법을 배우고, 또한 텍스트유형과 주제, 역할 그리고 관점들을 바꿔보기도 한다. 문법규칙이 주제가 될 경우에는 이러한 창의력이 발휘되지 않은 듯하다. 우리들은 바로 전 단계의 구성성분에서 문법연습문제를 창의적으로 작업할 수 있는 몇 개의 원칙을 소개하였다. 학습자들은 문법 규칙을 찾고 설명할 때에 자신의 능력을 믿고 신뢰할 수 있어야 한다. 실제로 문법규칙을 설명하는 모든 형태들은 어떤 특정한 타입의 학습자에게는 불리하고 이상적이지 않다. 이러한 형태들은 왜 학습자들에게 학습자 나름대로의 설명을 할 수 있게 하거나 혹은 최소한 그들이 문법규칙을 발견하면서 동시에 문법을 이해할 수 있게 하는 그러한 과정을 가능하게 하지 않는 것일까?

수업 제안

학생 스스로 규칙을 발견하기

학습자들이 문법규칙을 쉽게 배우기 위해서는 수업시간에 언어 규칙을 스스로 인지하도록 훈련해야 한다. 학습자들이 실제로 모든 문법 현상들을 다룰 수 있도록 하기위하여 아래의 작업스키마를 제안한다.

모으기(Sammeln) ⇢ 정돈하기(Ordnen) ⇢ 체계화하기(Systematisieren)

기존의 문장들(문장성분, 단문들과 텍스트속의 문장들)은 형태-언어적 관점에서 관찰 가능하므로, 학습자는 문장 속에 내재하는 이러한 형태론적인 공통점과 차이점을 스스로 인지하는 법을 먼저 배워야 한다. 이것을 위한 연습은 다음과 같다:

> 페터의 한 주 계획을 보면서 여기에 쓰여 있는 문장들을 서로 비교해 보세요! 문장들 사이에 서로 비슷한 구조가 있나요?

텍스트 예:

> Peter treibt gern Sport. Er spielt am Montag Fußball. Dienstags geht er zum Schwimmen. Am Mittwoch spielt er Handball und jeden Donnerstag geht er zum Squash. Er arbeitet samstags an einer Tankstelle, am Sonntagnachmittag spielt er wieder Fußball.
>
> 페터는 스포츠를 즐겨 한다. 월요일에는 축구를 하고 화요일에는 수영을 간다. 수요일에는 핸드볼을 하고 목요일에는 스쿼시를 한다. 토요일에는 주유소에서 일을 하고 일요일 오후에는 또다시 축구를 한다.

학습자들은 문장들을 서로 비교하면서, 문장구조나 모든 낱말에서 비슷하거나 동일한 것 혹은 표현 상 비슷한 점을 발견해야 한다. 만약 이러한 작업을 학습자들이 파트너와 혹은 조별로 서로 의견 교환 통하여 하게 된다면 학습효과는 더욱 커지게 된다.

위의 텍스트 예문의 경우, 아래와 같은 세 과정으로 진행된다.

첫 번째 단계: 모으기(Sammeln)

시간정보를 내포한 문장을 골라 쓰세요!

이러한 구조의 문장들을 텍스트에서 골라낸다. 학습자들은 이들을 서로 비교하여 비슷한 점과 차이점에 따라 정리해 본다.

두 번째 단계: 문장들을 정리하기(Ordnen)

문장들을 정리하면서 다음과 같은 결론을 도출해 낼 수 있다.

Er spielt am Montag Fußball.
Er arbeitet samstags an einer Tankstelle,

Dienstags geht er zum Schwimmen.
Am Mittwoch spielt er Handball und
jeden Donnerstag geht er zum Squash.
Am Sonntagnachmittag spielt er wieder Fußball.

학습자들은 (파트너/ 그룹학습) 이러한 과정을 하면서 언어 규칙성을 자율적으로 정립해야 한다. 이때 교사는 관찰자로서 이 그룹에서 저 그룹으로 돌아다니며, 학습자들이 문제에 어떻게 접근하고, 또한 과제 해결을 위하여 어떠한 전략을 사용하는지를 지켜봐야 한다. 만약 학생들이 문제가 있을 때는 교사는 개인적으로 도움을 준다. 이때 학습자들은 교사가 자신을 도와주는 것을 긍정적으로 받아들인다. 교사는 수업시간에 학습자들이 가지고 있는 문제점을 수집하여 나중에 전체 그룹을 위하여 사용할 수 있도록 한다.

세 번째 단계: 체계화하기(Systematisieren) **- 규칙 발견하기**

학습자들은 상징기호를 사용하여 예문의 문장구조들을 체계화시키고 이것을 인지하게 된다.

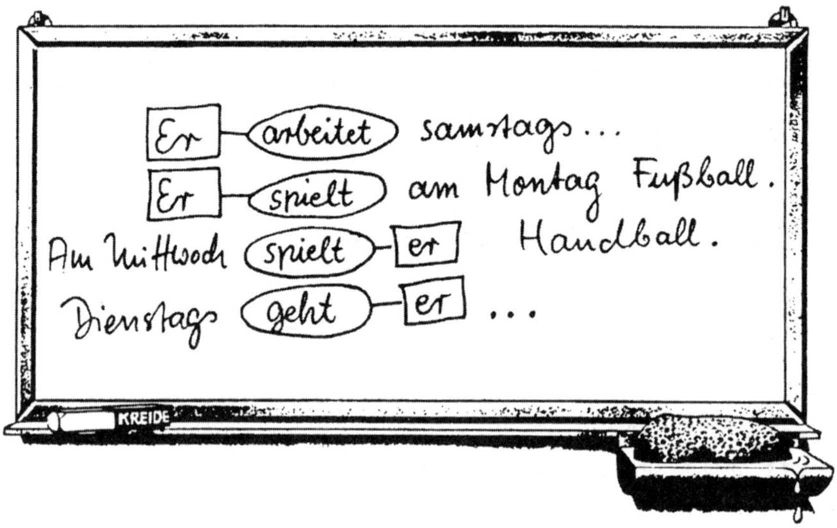

이제 여러분은 문법 규칙을 기술할 수 있나요?

✎

이제 학습자들은 문법규칙들을 기술할 수 있으며 예문을 들어 설명할 수도 있다.

학생들 중에 문법 규칙을 설명하는 것을 힘들어하는 학생들이 여전히 많을 것이다. 학습자들이 아마도 지금까지 한 번도 문법규칙을 스스로 설명할 필요성도 느끼지 않았고 또한 그럴 기회도 없었을 것이다. 그러므로 우리들은 학습자들이 수용적인 과제에서 재생산적인 과제를 뛰어 넘어 학습자들이 문법규칙을 자유롭게 표현하도록 하게 하는 세 가지의 과제유형을 제안하고자 한다.

규칙을 배우는 대신: 규칙을 설명하는 것을 돕기

a) 수용적 과제

학습자들은 이러한 수용적 과제에서 언어활동을 생산적으로 할 필요가 없다. 교사는 학습자들에게 문법규칙이 맞았는지 혹은 틀렸는지를 선택하도록 한다. 학습자들은 맞은 규칙들을 발견해야 한다.

✎

- ❑ 만약 시간정보가 문장의 맨 앞에 온다면, 동사는 두 번째 자리에 온다.
- ❑ 만약 시간정보가 문장의 맨 앞에 온다면, 주어가 그 다음에 위치한다.
- ❑ 만약 시간정보가 문장의 맨 앞에 온다면, 그 다음에 주어나 동사가 위치한다.

이러한 규칙들은 모국어로 혹은 목표어로 설명할 수 있다.

b) 재 생산적 과제

이러한 재 생산적 과제에서는 문법규칙이 부분적으로 주어져 있으므로 학생들은 빈 곳을 찾아 채워야만 한다. 학습자들은 조별로 혹은 파트너와 함께 문법 규칙을 구두로 설명해야한다. 이러한 과제는 다양한 난이도로 되어 있다.

규칙을 채워 넣으세요.

a) 만약 시간정보가 문장의 맨 앞에 온다면, 동사는

....

b) 만약 시간정보가 문장의 맨 앞에 온다면, 동사는 .... 위치한다.

c) 만약 ....가 문장의 맨 앞에 온다면, 동사는 두 번째 자리에 위치한다.

d) 만약 시간정보가 문장의 맨 앞에 온다면,

....

c) 생산적 과제

생산적 과제에서는 학습자가 문법성분들의 연관관계속에서 그 규칙성을 찾아내고 이것을 목표어나 모국어로 설명한다. 작업 결과는 수업시간에 토론한다.

이러한 생산적 과제는 어떠한 장점을 가지고 있는가? 우선 앞 단락의 구성성분에서와 마찬가지로 작업의 중요한 부분들은 학습자들 스스로 해야 할 몫이며, 소그룹이나 파트너작업을 통해서 함께 익히게 된다. 학습자들은 여러 단계의 작업 활동을 거치면서 각 단계에서의 활동과 언어 기능을 인지해야만 한다. 학습자들이 문법규칙을 기술하면서 정립해나가는 활동은 여러 단계로 구성되어 있는 학습행위의 결과라고 할 수 있다. 학습자는 이러한 문법규칙을 자신의 것으로 소화하여 문법을 스스로 이해하고 사용할 수 있는 모델을 만듦으로써 교사와 교재에서 제시된 문법모델과 그들의 이해력 사이에 생길 수 있는 간격을 해소할 수 있다.

이 단계에서 교사는 학습자들의 학습과정을 관찰하는데 집중할 수 있다. 교사는 다양한 학습자 그룹에서 존재하는 학습과 이해의 문제를 인지할 수 있게 된다. 또한 교사는 학습자들에게 조언과 도움을 줄 수 있으며, 학습자들의 작업과정을 관찰하면서 학습자그룹들이 문법현상에 어떻게 접근하는 가를 알 수 있게 된다.

학습자들은 자주 지역학에 관한 레포트나 소 자유과제 등의 과제를 집에서 해결한다. 그런데 교사들은 왜 학습자들에게 교재에 나와 있는 텍스트와 관련된 문법적 규칙을 알아오는 과제를 숙제로 내주지 못하는 것일까? 학습자들은 대화문이나 동사변화와 같이 "예문을 수집하고 정돈하여 문법규칙을 체계화하기" 등의 작업을 연습할 수 있다.

학습자가 자율적으로 문법규칙을 파악하는 것에 대해서는 이제 그만 이야기하기로 하자. 이것은 수업시간에만 가능한 것이 아니다. 학생들이 자율적으로 문법규칙을 찾을 수 있게 하는 연습을 하기 위하여 학생들이 알아야 할 몇 가지 기본원칙들을 언급하고자 한다.

학습을 위한 조언: 규칙발견하기

1. 규칙을 아주 정확하게 읽고 이해하도록 노력한다.
2. 규칙을 예문들과 비교한다.
3. 줄긋기, 표시하기 등을 통하여 하나 하나의 특징들을 찾아낸다.
4. 예문들을 써서 정리한다. (위에 설명된 바와 같이).
5. 학습자들이 그룹내에서 다른 학습자들이 하는 우발적인 오류들을 듣게 하기 위하여 문법규칙들과 예문들을 크고 정확하게 읽게 한다.
6. 규칙과 예문들을 문법 메모장에 기입한다.

위와 같은 문법 메모장으로 교재 속 문법 설명의 많은 문제점을 없앨 수 있다. 학습자는 문법을 자신의 목표언어수준에 따라 모국어로 쓰여 있는 보조자료(시각적 도움)를 통해 문법을 이해하고 자기 나름대로의 자료를 만들 수 있다.

위의 제안에도 불구하고 여러분의 대부분은 수업시간에 주어진 규칙대로 작업할 것이고 교사로서 이러한 규칙들을 도입하고 설명해야만 할 것이다.

학습자에게 문법규칙을 설명하기

여러분이 확인하였듯이, 대부분의 문법 설명은 많은 학습자들에게 적합하지가 않다. 최근에 나온 교재에서조차도 가장 큰 문제점의 하나로, 문법 체계는 소개되어 있으나 설명되어 있지 않다는 것을 들 수 있다. 이에 대한 해결책으로는 학습자들이 순차적으로 문법규칙을 정립하고 연습할 수 있게 하고, 또한 이것을 잘 따라할 수 있게 하는 그러한 문법 설명이 될 것이다.

자율학습문법은 학습자들로 하여금 문법 특성을 습득하게하고 이렇게 습득한 문법을 활용할 수 있게 하는 교육문법일 것이다. 그러나 외국어로서의 독일어를 위한 교육 문법은 아직 존재하지 않는다. 본 장에서 여러분은 이러한 교육문법의 몇 가지의 기본원칙들을 배웠으리라고 보며, 수업시간에 문법을 설명할 때 이러한 원칙을 사용하였으면 좋을 듯하다.

> Günther Zimmermann과 Elke Wißner-Kurzawa의 "문법 가르치기-학습하기-자율학습하기, Grammatik lehren -lernen- selbstlernen (1985)"에서 이러한 자율문법학습에 관한 원칙이 설명되어 있다 (특히 13쪽 이하).

교육 문법의 가장 중요한 원칙은 "이해하기 쉬운가" 하는 것이다. 학습자들에게 현재 배우고 있는 교재의 문법 설명을 이점과 관련하여 판단해 보라고 한다면, 종종 부정적인 반응을 보인다:

대부분의 학생들은 문법 설명에 너무 많은 외래어가 사용되어 있으며 문법용어들이 난해하고 추상적이며 복잡하다고 생각한다. 이외에도 한 설문조사에(Zimmermann /Wißner-Kurzawa 1985, 71) 따르면 예문과 이에 대한 문법 설명이 지루하고 딱딱하며 재미가 없다고 비판하고 있다.

교사로서 위에 언급된 문제들을 어떻게 해결할 수 있을까?

1. 문법을 설명할 때 가능하다면 학습자들이 알고 있는 용어들을 사용한다. 만약이 설명을 목표어로 해야만 한다면, 간단한 예문들을 들어 설명해야 할 것이다. 예를 들자면 명사구는 피하는 것이 좋다. 그렇다고 문법용어들을 사용하지 말라는 말은 아니다. 여기서 가장 중요한 것은 학습자들이 문법 설명을 완벽하게 이해할 수 있도록 해야 한다는 것이다.

2. 예문에서 학습자들이 모르는 단어들은 피해야 한다. 어휘와 관련된 이러한 문제들이 학습자들이 문법을 이해하는 데에 종종 걸림돌이 되어 학습자들로 하여금 문법과 상관없는 오류를 범하게 만든다.

3. 문법규칙을 순차적으로 도입한다. 일련의 문법연습문제에서 자주 처음에 복잡한 문법시스템이 도입되고 연이어서 오는 연습문제에서 문법의 각 부분을 순차적으로 연습하게 되어있다.

이점과 관련하여 **학습진도**에 관한 구성 성분과 한 번 비교해 보라.

끝으로 여러분에게 위와 같은 문법 설명 방식으로 독일어 완료형을 소개하는 학습자 자료를 보여주고자 한다. 이것은 학습자들이 문법규칙을 체계화 하는 과정에 동참할 수 있게 하며 새로 도입되는 중요한 문법성분은 이텔릭체로 설명되어 있다.

완료형에 관한 학습자 자료

여러분은 과거에 일어난 사실을 독일어의 과거형으로 표현할 수 있다는 것을 이미 배웠을 것이다.

학습자는 직접화법(Sie, du)을 통해 문법정보을 내포하고 있는 대화문을 접하게 된다. 극도로 사무적으로 표현되어 있는 문구들을 "친근한 느낌"을 전달하는 표현구로 바꿔야한다.

이러한 형태는 문어체의 글에서 자주 발견할 수 있다. 대화문과 같은 구어체의 의사소통 문에서는 완료형이 더 자주 사용된다.

도입부분에서 여러분은 학습자들에게 조심스럽게 문제를 제기하면서 새로운 문법을 소개하기 위한 기반을 마련해야 한다. 학습자는 학습파트너로 부른다.

여기에서 기억을 다시 한 번 되살리는 의미에서 과거형으로 쓰여진 텍스트를 살펴보기로 한다.

새로운 구조가 도입되기 전에 학습자는 우선 그가 알고 있는 문법지식과 접속한다. 학습자는 이미 알고 있는 지식에 새로운 지식을 쌓음으로써 단계적으로 학습자의 능력을 발전시켜 나갈 수 있다.

과거형:

Was **machte** Peter gestern?
페터가 어제 무엇을 했니?

Peter **besuchte** seine Tante und abends ging er ins Kino.
페터는 고모를 방문했고 저녁에 극장에 갔다.

문법 설명은 예문들을 통해 뒷받침 되어야 하며 하나의 예문보다는 세 개가 많긴 하지만 더 낫다. 이때 예문들과 단어들은 학습자들이 잘 알고 있는 것이어야 한다.

완료형:

Was **hat** Peter gestern **gemacht**?
Gestern **hat** er seine Tante **besucht** und dann ist er ins Kino **gegangen**.

완료형도 과거에 일어난 사실을 표현하는 문법형태로서 대부분 구두로 이야기할 때 사용된다.

Der Lerner soll erfahren, warum er die neue Struktur lernen. 학습자는 왜 이러한 새로운 구조를 배워야 하는가를 알아야 한다. (화용적 관점)

완료형은 **두 부분**으로 구성되어 있다:

아래의 도식을 살펴보기로 하자.

인칭대명사	조동사 haben	과거분사형
ich	habe	
du	hast	
er	hat	gelebt
es	hat	besucht
sie	hat	studiert
wir	haben	angefangen
ihr	habt	
sie	haben	

인칭대명사	조동사 sein	과거분사형
ich	bin	
du	bist	
er	ist	gegangen
es	ist	gewesen
sie	ist	gefahren
wir	sind	
ihr	seid	
sie	sind	

완료형은 조동사(haben, sein)와 과거분사형(gelebt, studiert)으로 되어 있다.

문법 개념은 가능하다면 예문을 통해 설명하는 것이 좋다:

조동사 = haben 혹은 sein

학습자들이 haben 동사형은 잘 알고 있으므로 과거 분사형태를 만드는 것에 주의를 기울여야 한다. (도식의 오른편)

예문을 통하여 학습자들을 주목하게 한다.

위의 도식에서 본 바와 같이, 모든 동사의 과거완료형태는 동일한 것이 아니다. 이러한 형태를 크게 두 가지로 나눌 수 있다:

규칙변화 동사　　(약변화 동사)
불규칙변화 동사　(강변화 동사)

우선 규칙변화 동사에 관해 살펴보자.

규칙변화 동사들은 사실 별로 문제가 되지 않는다. 이들 동사의 과거 분사 형태는 그렇게 많이 변화하지 않으므로 학습자들이 쉽게 기억할 수 있다.

우선 여러분들이 잘 알고 있는 동사 몇 개를 소개 하겠다.

a) kaufen, laufen ...
b) einkaufen, abkaufen
c) verkaufen, bestellen...
d) studieren, probieren...

불필요한 오해나 새롭게 암기하는 것을 피하게 하기 위하여 우리가 잘 알고 있는 자료를 반복하여 사용하기로 하겠다.

a) kaufen (gekauft): 전철이 없는 단순 동사들은 (ab-, ver-, um- 등의 전철이 동사의 어근 앞에 오지 않은 동사들) 동사의 어근에 ge를 붙임으로 현재완료형을 만든다: **ge**kauf... 그리고 어근의 kauf의 뒷부분에 t를 첨가한다:

kaufen – **gekauft**

연습 1:

...동사의 과거 분사 형은 무엇인가: (정답)

학습자는 해답지를 보고 결과를 확인할 수 있어야 한다.

spielen

leben

heiraten

wohnen

arbeiten

(새로운 규칙을 완벽하게 습득하기 위하여 즉시 연습한다. 그러나 어려움이 있을 때는 한 단계 뒤로 물러나 다시 반복할 수 있다.)

b) **현재완료형을 만드세요**!

1. Ich sehe nur Nebel. Hast du das Fernsehen richtig ,,, (einstellen)?
2. Hast du den Brief ... (abholen)?
3. Das Bild hat er von Rembrandt ... (abmachen)
4. Komm, der Regen hat ... (aufhören)!
5. Er hat das Fenster nicht ... (aufmachen)

c) verkaufen: 비분리전철 동사의 경우 (ver-, zer, er-, be- ent-, ...등의 전철이 동사의 어근에 오는 경우) (예를 들어, ich **verkaufe** mein Auto), 과거 분사 형에 ge-가 오지 않는다. 어근의 뒤에는 t가 온다. 그러므로

verkauf-t

연습문제 3:

1. Hast du das Auto ... (bezahlen)?
2. Meine Mutter hat mir eine verrückte Geschichte ... (erzählen).
3. Ich kann den Brief nicht finden. Ich habe ihn ...(verlegen).

d) studieren: 이러한 류의 동사들은 외래어로서 동사어근에 t를 붙인다:

studiert

연습문제 4:

1. Haben Sie meinen Kuchen schon ... (probieren)?
2. Jetzt glänzt das Fahrrad. Er hat es auch drei Stunden... (polieren).
3. Die Sache ist gefährlich! Hast du das ...(kapieren)?

이제 여러분이 과거분사형태를 잘 활용할 수 있는지를 시험해 보기로 한다. 여기서 여러 형태의 동사들을 사용하는 것을 잊지 말기를 바라며 예문들과 표는 숨기는 것이 좋을 듯하다.

학습자가 지금까지의 모든 단계들을 잘 이해하였는지 그리고 복잡한 연관관계 속에서 동사들을 재인지할 수 있고 잘 습득하였는지를 검증할 기회를 가진다.

연습문제 5:

1. Mein Vater hat das Auto ......(putzen)
2. Sie haben den Hund überall .....(suchen)
3. Hast du den Rotwein schon .... (probieren)?
4. Ich habe die Tür nicht .... (zumachen).
5. Das ist nicht mein Essen, ich habe Hähnchen .... (bestellen).

학습자들이 만약 위의 연습문제에서 하나 이상 틀리지 않는다면 진도를 계속 나가도 되나, 여러 개를 틀린다면 처음으로 다시 돌아가 예문과 함께 문법규칙을 복습해야 한다.

이러한 방식으로 학습자들에게 개인의 취약점을 보강할 기회를 준다.

독일어에는 약/규칙변화 동사뿐만 아니라 강/불규칙 변화 동사도 존재하는데, 강변화 동사는 약변화동사보다 더욱 불규칙하게 변화한다. 무엇보다도 강변화 동사 어근의 모음(trinken)이 매우 자주 변화(trinken-getrunken)하므로 이러한 동사들은 학습해야만 한다.

이제 설명은 그만하기로 하고, 수업자료 차원에서 이러한 방식으로 문법 정보를 전달하는 것에 대해 잠시 평가를 해보기로 한다.

학습자는 이러한 단계적인 접근과정을 통하여 문법의 연관관계를 인식할 수 있다. 문법은 학습자에게 이해 가능한 것으로 생각되어지며 이렇게 습득된 문법지식은 다른 예문에서도 적용할 수 있다. 학습자는 문법현상에 접근하는 전략을 개발하는 법을 익히게 된다. 학습자는 문법규칙을 그저 암기하는 아니라 언어요소들을 논리적이고 창의적으로 다루도록 해야 한다. 학습자들이 이러한 과정들을 꿰뚫어 볼 수 있는 능력과 이 과정들을 자율적으로 재구성할 수 있는 능력을 갖춘다면, 많은 경우 시간 낭비적인 암기식 교육을 무력화하게 하여 오류를 덜 범할 수 있게 한다.

더 읽을거리

본 구성성분에서 소개된 수업제안들은 Rampillon(1985)과 Zimmermann/Weißner-Kurzawa(1985) 교재에 있는 것이다. 무엇보다도 Rampillon의 교재 127쪽에서 이러한 비슷한 형태로 구성되어 있는 여섯 개의 규칙을 발견할 수 있다. 이 교재에는 문법수업에서의 학습자와 교사들이 가지고 있는 문제들이 기술되어 있으며 또한 자기주도 학습 과정이 제시되어 있다.

다섯 번째 구성성분

4.5 책에 있는 문법 – 머리 속에 있는 문법– 문법 참고서를 사용하는 법을 배우기

여러분은 이 책에서 문법을 A, B, C로 구분하였던 것을 기억하고 있는가? 이 책의 11쪽을 다시 한 번 보길 바란다. 우리는 다섯 번째 구성성분에서 문법참고서에 나와 있는 문법규칙과 구조에 관한 설명, 즉 문법 B를 다시 한 번 살펴보고자 한다.

과제 37

이 책을 계속하여 읽기 전 아래의 질문에 대해 대답해보세요:

- 문법을 사용하나요? 무슨 목적으로?
- 여러분 학생들도 문법을 사용하나요? 어떤 것을?
- 수업시간에 문법을 사용하는 것이 필요한가요?
- 학생들이 문법을 알아야 하나요?

본 구성성분에서는 위에 언급된 질문에 대해 생각해 보며, 수업시간의 문법 활용 방안에 대해 이야기하고자 한다.

Elke Wißner-Kurzawa(Zimmermann/Wißner-Kurzawa 1985, 71)는 한 연구에서 교재의 부록에 있는 문법 설명에 대해 학생들이 가지고 있는 불만과 문제점을 아래와 같이 언급하고 있다:

- 일목요연하지 않은 규칙설명
- 어려운 규칙설명
- 추상적인 말, 너무 많은 외래어들
- 추상적인 상징기호
- 규칙의 지나친 세분화
- 너무 적은 예문
- 재미없음

문법을 다룰 때, 위와 같거나 혹은 이와 비슷한 문제들이 종종 발생한다. 이와 같은 이유에서 학생들이 문법을 잘 다룰 수 있으리라는 생각은 하지 않는 것이 좋을 듯하다. 학생들이 수업시간에 사전 사용법을 배우는 것처럼 문법을 다루는 법을 배워야만 하며, 이에 관한 연습문제도 풀어봐야 한다. 학습자들은 또한 어떠한 문법이 더 문제가 되고 어떠한 문법이 덜 문제가 되는지를 판단할 수 있어야 한다.

모든 문법이 학습자들에게 다 적합한 것은 아니다. 여러분은 책 제목과 추천의 글만을 믿지 말고 어떠한 문법이 여러분의 학습자와 여러분 자신을 위해 적합한가를 결정해야만 한다. 우리들은 여러분들이 이러한 올바른 결정을 하도록 돕고자 한다. 이 책의 14쪽에 나와 있는 언어학적 문법과 교육학적 문법사이의 차이를 다시 한 번 비교하기를 바란다. 학습현장에서 종종 문법을 근본적으로 이해하기 위하여 많은 교사들이 언어학적 문법을 참고하는 것으로 나타났다. 그러나 일상생활에서 학습자중심 문법의 비중이 더욱 커지고 있으며 수업시간에 더욱 더 유용하게 활용될 수 있다.

우리는 이 자리에서 다시 한 번 dass-문장을 서로 상이한 네 가지의 문법을 가지고 소개하고자 하는데, 이들은 서로 다른 색인목록을 가지고 있다.

과제 38

다음 사항에 유의하여 문법기술상의 차이를 약술하세요!

- 첫 인상
- 구성/ 목차의 명확성
- 언어
- 명료함

Konjugationsformen **F1** 1.0
Konjunktionen **G** 6.0ff.
nebenordnende – **G** 6.1
unterordnende – **G** 6.2ff.
Stellung **G** 6.5
Gebrauch und Stellung (Aufstellung) **G** 6.7
Konjunktionaladverbien **H** 10.0

daß (unterordnend: Satztyp C)
a) kennzeichnet Gliedsätze, die Subjekt des übergeordneten Satzes sind (S als Subjektsatz → **F2** 4.3)
Stellung des Gliedsatzes: auf Platz Ⓩ im Nachfeld
Stellung des Korrelats *es:* auf Platz ① im Satzfeld oder auf Platz Ⓐ im Vorfeld
Es hat uns wirklich gefreut, *daß* du uns besucht hast.
Hat *es* euch wirklich gefreut, *daß* ich euch besucht habe?
Stellung des Korrelats *das:* auf Platz ④ im Satzfeld oder auf Platz Ⓐ im Vorfeld
Das hat uns wirklich gefreut, *daß* du uns besucht hast.
Hat euch *das* wirklich gefreut, *daß* ich euch besucht habe?
Stellung des Gliedsatzes: auf Platz Ⓐ im Vorfeld, ohne Korrelat
Daß du uns besucht hast, hat uns wirklich gefreut.
b) kennzeichnet Gliedsätze, die Objekt des übergeordneten Satzes sind (Oa als Objektsatz → **F2** 5.4)
Stellung des Gliedsatzes: auf Platz Ⓩ im Nachfeld
Stellung des Korrelats *es:* auf Platz ② im Satzfeld

출처 Griesbach (1986), 422 und 232

1198 ff., 1210 (*das* oder *was?*)
daß finale Konjunktion 1252 · Inhaltssatzkonjunktion 674, 1213 ff., 1221 · kausale Konjunktion 668 · konsekutive Konjunktion 669, 1236
das gleiche/*dasselbe* 555

674 **Die Konjunktionen *daß, ob, wie***

Die Konjunktionen *daß, ob* und *wie* kennzeichnen in vielen Fällen keine bestimmten inhaltlichen Beziehungen. Zu ihrem Verknüpfungswert und zu den entsprechenden Sätzen vgl. 1213.

Er wußte, *daß* er blaß wurde. (Böll) *Ob* man ihm etwas anmerkte, hätte er gerne gewußt. Ich fühlte, *wie* er mich schärfer ansah. (Seghers)

1213 **3.3 Inhaltsbeziehungen**

3.3.1 Allgemeines zu den Inhaltsbeziehungen

Als allgemeinste Charakteristik für Satzgefüge, die dem Teilbereich Inhaltsbeziehungen zuzuordnen sind, hatten wir oben (vgl. 1197) bestimmte Anschlußmerkmale herausgestellt: Einleitung des Nebensatzes durch Fragepronomen oder Fragepartikel, durch *daß* oder bestimmte andere mit *daß* austauschbare Anschlußmittel. Bevor wir uns mit Einzelheiten hierher gehörender Anschlußmöglichkeiten und Anschlußwerte beschäftigen können, müssen wir zunächst auf wichtige Gemeinsamkeiten der Satzgefüge eingehen, die hierher gehören.

Inhaltssätze können folgende Anschlußmerkmale haben:
1. *daß* + Endstellung des Finitums:

Es hat mich gefreut, *daß er das versprochen hat.*
Er sagt, *daß alles seine Ordnung hat/habe.*
Es ist wichtig, *daß er einmal kommt.*

출처 Drosdowski (1984), 782, 380 und 678

danke 176.177
darum 159
daß 142.152
Dativ 13.14.73

KONJUNKTIONEN OHNE EIGENE BEDEUTUNG

daß *Grammatik:* normal (siehe S. 139).

Gebrauch: Der Nebensatz mit *daß* hat die Bedeutung eines Aussagesatzes:

Ich bin sicher, daß Sie in einer Woche wieder gesund sind.
← In einer Woche sind Sie wieder gesund.

Ich glaube nicht, daß das Bild echt ist.
← Das Bild ist nicht echt.

출처 Kars (1988), 282 und 152

Artikel 82 f.; Demonstrativpronomen 120 ff.; Relativpronomen 126 ff.
dasjenige 125
daß 167, s. auch 32, 163

daß (I, 18)

Wir teilen Ihnen mit, **daß** die Miete DM 89.– monatlich beträgt.
Jochen schreibt aus England, **daß** es ihm gut geht.

Daß er nicht besonders fleißig ist, ist bekannt.
(= Es ist bekannt, **daß** er nicht besonders fleißig ist.)

Man rechnet **damit, daß** Arbeiter entlassen werden könnten.
Wir haben uns (**darum**) bemüht, **daß** er sich bei uns wohl fühlt.

Ich habe (**es**) gewußt, **daß** er nicht kommen würde.

출처 Luscher (1974), 182 und 167

학습자를 위한 문법 과제는 단지 문법 현상들을 보여주는 것이 아니라, 여러 문법형태의 현상 그 자체와, 그리고 예문을 통하여 이러한 문법형태의 활용을 증명하는 것이어야 한다. 지금까지의 구성성분에서 학습자를 위한 문법의 특징을 다음과 같이 도출할 수 있다.

요약

학습자 중심의 문법이란 ...

➤ 개괄적인 부분체계 속에서 문법구조를 분류하려고 노력한다.

➤ 단 하나의 문법이론에만 의존하여 문법명칭들을 선택하지 않는다.

➤ 문법 설명은 특정 학습 목표 집단에 관련된다.

➤ 생생한 활용 예문들을 사용하도록 한다.

➤ 강조를 중요하게 여긴다.

➤ 특별히 자주 사용되는 문법구조를 상세히 설명하고, 덜 사용되는 문법구조에는 시간을 덜 할애한다.

➤ 학습자의 실제 일상 언어와 경험에서 예문들을 도출한다.

➤ 학습자와 교사를 위한 참고교재로 사용될 수 있다.

이러한 학습자 문법의 특성들은 언어학자를 위한 문법이 수업에서 실제적으로 잘 활용 될 수가 없다는 사실을 보여주고 있다.

일상 수업에서 문법이 수업의 주제가 되는 것은 그리 흔하지 않다. 그러므로 우리는 여러분들에게 학습자들이 자율적으로 문법을 활용하는 학습법을 보여주려고 한다. 학습자의 이러한 능력은 교사가 수업시간에 학습자의 이러한 문법지식을 근거로 다른 작업을 할 수 있으며 또한 소급해낼 수도 있기 때문에 교사에게 매우 커다란 도움이 된다. 예를 들어, 교사는 다루고자 하는 문법을 학습자 대부분이 알고 있다는 사실을 전제로 학습자들에게 반복 과제를 내 줄 수 있다.

모든 문법에는 장점과 단점이 있다. 중요한 것은 학습자들이 자신의 문법을 다룰 수 있어야 한다는 사실이다. 또 다른 한 편으로 교사는 학습자들의 작업능력에 따라 이러한 문법을 평가할 줄 알아야 한다. 학습자들은 사전에 나와 있는 것을 제대로 해석하는 것과 찾는 것을 배워야 하는 것처럼 문법을 찾는 법 또한 학습해야 한다. 학습자위주의 문법으로 수행된 몇 가지 제안들을 소개하기로 한다.

현재 학습현장에서 자주 사용되며 가장 잘 알려진 독일 출판사의 참고교재들은 다음과 같다.

Eppert, F (1988): Grammatik lernen und verstehen. Ein Grundkurs für der deutschen Sprache

Griesbach, H. (1986): Neue deutsche Grammatik

Kars, J./ Häussermann, U. (1988): Grundgrammatik Deutsch.

Luscher, R. (1975): Deutsch 2000. Grammatik der modernen deutschen Umgangssprache

Nieder, L. (1986): Lernergrammatik für Deutch als Fremdsprache.

이 자리에서는 중급과 그 이상 수준의 문법을 다루고 있는 문법서들과 두 언어를 서로 비교하면서 설명하고 있는 이중 언어의 문법서들은 소개하지 않기로 한다.

우리의 생각은 문법규칙을 다루기 위한 이러한 원칙들이 초급수준의 수업에서부터 활용된 후 더 높은 언어학습단계에서도 사용되어야 한다는 것이다.

마지막으로 여러분 수업을 위한 몇 가지 연습유형을 소개하면서 문법 참고서와 함께 이러한 연습문제를 두 가지의 범주로 나누고자 한다:

1. 문법과 친숙해지기 위한 연습
2. 문법을 이용하여 문제를 해결하기 위한 연습

영국의 외국어 수업의 교수인 Tom Hutchinson(1987)의 저서 『Using Grammar Books in the Classroom』에서 수업시간에 문법을 재미있게 익히기 위한 연습문제들을 찾아 볼 수 있다.

1. 문법과 친숙해지기 위한 연습

많은 학습자들이 처음에는 자율적으로 문법을 작업하는 것에 대해 매우 힘들어 할 것이다. 그래서 학습자들이 문법을 잘 알고 문법과 친숙해지도록, 수업 시작 전에 할 수 있는 체크목록과 같은 연습문제 하나를 여러분들에게 소개하고자 한다. 일종의 체크목록과 같은 이러한 연습문제는 학습자들이 문법을 산책하듯 둘러보게 하고 또한 학습자들이 문법규칙을 가지고 작업할 때 필요한 개념들과 이것을 찾는 방법 등과도 친숙해 질 수 있도록 해준다.

목표: 문법에 대한 개요; 문법을 "훑어보기"를 배우기

반을 여러 그룹으로 나누고, 각 그룹은 문법 과제 하나씩을 가지게 된다. 먼저 아래의 질문을 한다:

- 문법책의 저자는 누구인가?
- 색인은 몇 쪽에서 시작하나?
- 발음에 관한 정보는 몇 쪽에 있나요?
- (예를 들어) 정관사에 관한 정보는 몇 쪽에 있나요?
- 색인에서 숫자와 알파벳은 무엇을 의미하는가? 장과 쪽수에 관한 정보는?
- 화법동사에 관한 정보는 문법책 어디서 찾을 수 있나요?
- 화법동사에 관한 정보가 있는 페이지에 다른 페이지에 나와 있는 화법동사 정보를 참조하라는 사실이 언급되어 있나요? 찾아보세요.
- 화법동사에 관한 정보가 들어 있는 모든 페이지를 모아 분류해 보세요!
- ...

힌트:

학습자들이 자율적인 작업에 서서히 익숙해질 수 있도록, 먼저 교사와 학습자들이 함께 과제들을 해결하고, 그러고 난 후 조별 혹은 파트너학습을 하게 한다. 그리고 마지막으로 학습자들이 개별 학습 하게 한다.

목표: 도식, 상징 및 참조체계를 알기

제안: 문법책에서 문법이 전형적으로 설명되어 있는 곳을 찾아 복사한 후 아래의 예에서와 같이 참조기호, 글자체 등을 표시하고, 이렇게 표시한 부분을 학습자들에게 한 번 설명해 보라고 하시오. 이것을 모국어로 해도 무방하다.

이 단어들은 문법서에서 검은색이 아닌 오렌지색으로 인쇄되어 있다. 이 색이 무엇을 의미하는가?

숫자는 무엇을 의미하는가?

Fügewörter: Konjunktionen **4**

Die Konjunktion *aber* verbindet hier zwei Satzelemente. Sie kann auch zwei Nebensätze verbinden oder zwei Hauptsätze verbinden. Sie ist eine nebenordnende Konjunktion. Die Konjunktion *weil* verbindet einen Nebensatz mit einem Hauptsatz. Sie ist eine unterordnende Konjunktion.

Wenn eine Konjunktion zwei Sätze verbindet, steht sie fast immer isoliert zwischen diesen beiden Sätzen:

I II

Du spielst Tennis, ***und*** **ich trinke Kaffee.**

I E

Du spielst Tennis, ***während*** **ich Kaffee trinke.**

I E

Ich komme, ***sobald*** **ich Kaffee getrunken habe.**

Die Konjunktion steht also „im leeren Raum“ außerhalb der Sätze. Sie ist wie ein Pfeil, der von außen auf den zweiten Satz zeigt. Sie steht links von dem zweiten Satz, und zwar links von Position I des zweiten Satzes (mehr über die Wortposition im Satz Seite 187 – 198). Es gibt nur wenige Konjunktionen, die auch mitten im Satz stehen können, aber das müssen Sie nicht lernen, denn *alle* Konjunktionen können auch so stehen, wie wir es Ihnen hier oben gezeigt haben. Es folgen nun

Nebenordnende Konjunktionen Seite 135
Unterordnende Konjunktionen Seite 139

이 문법책을 가지고 있다면 이 페이지에 무엇이 나오는지를 찾아보세요.

만약 이 책을 가지고 있지 않다면, 이 페이지에 어떤 내용이 나올 수 있는가를 생각해보세요.

이 문장들은 왜 굵게 인쇄되었나?

Nebenordnende Konjunktionen

Sie verbinden zwei Satzelemente, manchmal auch nur zwei Wörter:

Eine kurze, ***aber*** **höfliche Frage.**
Ich habe die alten Briefe ***und*** **die unnötigen Bücher weggeworfen.**

Sie verbinden zwei Nebensätze:

Ich kündige, weil mir die Arbeit nicht gefällt ***und*** **weil ich zu schlecht verdiene.**

Sie verbinden zwei Hauptsätze:

Sie ißt Berge von Spaghetti, ***aber*** **sie wird nicht dick.**

이 두 개념이 의미하는 것을 어디서 찾아볼 수 있을까?

출처 nach Kars (1988), 135

다음에 소개할 것은 문법을 적극적으로 다루는 문제유형으로서 특정 문법에 학습자들의 주의를 끌기위하여 사용될 수 있다. 학습자들은 이러한 연습문제를 통하여 문법 정보와 여기서 사용되고 있는 문법용어들을 집중적으로 다루게 된다. 교사가 학생들에게 문법책의 한 쪽(혹은 몇 쪽)을 정해 주면, 학생들은 조별로 5분 동안 주어진 페이지를 읽으면서 가능한 한 많은 정보들을 머릿속에 입력한다. 교사는 학생들에게 이와 관련된 질문을 한다.

과제 39

문법책의 아래 페이지를 찾아 거기에 나오는 문법과 관련된 질문 세 개를 쓰시오.

1 ____________________

2 ____________________

3 ____________________

접속사 편

als/wenn의 구분

	현재와 미래	과거
단 한 번 {사건 상태	wenn wenn	**als** **als**
immer wieder (häufige Wiederholung derselben Situation)	wenn	wenn

예문들::

	현재와 미래	과거
단 한 번 {사건 상태	Wenn **das Konzert aus ist, bin ich froh.** Wenn **ich einmal alt bin, lese ich Goethes Faust.**	**Als das Fest zu Ende war, lief Aschenputtel fort.** **Als Aschenputtel noch zu Hause wohnte, mußte sie von früh bis spät in der Küche arbeiten.**
항상 발음 (häufige Wiederholung derselben Situation)	**Immer** wenn **du dich ärgerst, beginnst du zu schreien.**	**Immer** wenn **der Prinz das Mädchen umarmen wollte, verschwand es in der Nacht.**

während	**문법:**	während-부문장은 모든 시간에 사용될 수 있다.
	사용:	접속사 während는 (현재, 과거, 미래) 동시에 일어나는 두 사건을 나타낸다. **Wir sitzen in der warmen Stube, während es draußen schneit.** 접속사 während는 주문장과 부문장 사이의 논리적인 대조를 표현할 수 있다. **Während die einen sich um Frieden bemühen, erfinden die anderen neue Waffen.** Das Wort *während* kann auch Präposition sein (siehe Seite 134).

출처 Kars (1988), 149

연습제안 3에 대한 대안: 교사는 학습자들을 여러 조로 나누고 각 조에게 이 페이지와 관련된 질문을 쓰도록 5 분 시간을 준다. 교사와 학생들이 이에 대한 대답을 함께 작업한다.

2. 문법을 가지고 문제를 해결하기 위한 연습

학습자들이 문법 문제를 풀 때에 문법책을 어떻게 의미 있게 사용할 수 있을지를 잘 알지 못한다. 그러므로 학생들은 이러한 것을 수업시간에 반복 연습해야 한다. 교사는 처음부터 학습자들에게 이러한 과제를 방과 후 개별 과제로 내주어서는 안 된다.

오류교정

목표:

학습자들이 가지고 있는 언어적 문제들은 작문에서 잘 나타난다. 학습자들은 그들의 문법을 가지고 이러한 문제들을 해결하는 방법을 연습을 통하여 익히게 된다.

제안:

학습자들의 과제를 통하여 그들이 가장 많이 범하는 다섯 가지의 오류 유형들을 모은 후, 이와 관련된 틀린 문장들을 칠판에 쓴다. 그러나 그전에 학습자들이, 그들이 배운 문법으로 이러한 오류들을 쉽게 발견하고 설명할 수 있는가를 점검해야 한다. 학습자들을 조별로 나누고, 각 조는 문법 하나만을 사용해야 한다.

학생을 위한 문제 설명:

아래의 틀린 문장들을 살펴보세요! 무엇이 틀렸나요? 여러분이 알고 있는 문법을 사용하여 틀린 곳을 설명하세요! 틀린 문법규칙을 (문법서에서) 찾아 보세요 (쪽수 / 몇 장)!

각 조는 단시간 내에 과제를 해결한 후, 그 결과를 발표하면서 서로 비교해본다.

틀린 곳 찾기와 같은 과제는 학습자들끼리 경쟁하게 하는 놀이형식을 통해 연습해도 된다.

문법규칙을 증명하기

학습자들이 자주 하는 문법적 오류들을 카드에 쓰세요!

예를 들자면

weil-문장에서 동사는
어디에 위치하나요?

왜 그럴까요?
Ich war bei deiner Mutter (○)
und nicht:
Ich war bei deine Mutter? (×)

무엇이 맞나요?
Das Bild hängt an die Wand
oder:
Das Bild hängt an der Wand?

여기서 무엇이 틀렸나요?
Jeden Morgen, ich
gehe in die Schule.

맞나요?
gehen ging gegehen
laufen lief gelaufen
schreiben schreibt geschreiben

이 문장 다음에 어떤
문장이 올까요?
Wenn ich Geld hätte,
a) *ich können ein Auto kaufen.*
b) *kann ich ein Auto kaufen.*
c) *könnte ich ein Auto kaufen.*

학습자들을 조로 나눈다. 각 조는 두 장의 카드를 뽑은 후 대답한다. 이때 정확한 문법정보를 가지고 올바른 답을 먼저 대답한 조가 이기게 된다.

학습자들은 사전이나 문법책의 도움으로 처음에는 짧은 문장들을, 그리고 나중에는 좀 긴 텍스트를 교정할 줄 알아야 한다. 예를 들어, 학습자들이 작문할 때 "마지막 15분동안 문장에서 틀린 곳을 찾아 고치도록 하세요!" 라는 교사의 말은 학습자들이 그들이 사용가능한 자료를 가지고(원칙적으로 사전과 문법책) 무엇을 어떻게 해야 하는지를 알고 있을 때에만 의미가 있는 것이다.

문법규칙을 검토하기

우리들은 이미 이 책의 다른 장에서도 학습자들이 ─ 조정되었던, 조정되지 않았던 ─ 문법규칙을 어떻게 기술하여야 하는지에 대해 설명하였다. 참고: 여기서 여러분은 학습자들이 알아낸 규칙과 가설을 문법을 가지고 검토하게 할 수도 있다.

시간정보를 가지고 있는 문장의 어순에 관한 문제. 학생들은 자신들의 문법규칙을 가지고 아래의 문장들을 판단하고 또한 검증해야 한다.

Seit gestern habe ich ein neues Fahrrad.
Ich habe seit gestern ein neues Fahrrad.
Seit gestern ich habe ein neues Fahrrad.
Ein neues Fahrrad ich seit gestern habe.
Ein neues Fahrrad habe ich seit gestern.

문법명칭 익히기

중급과정이나 그 이상 언어수준의 학습자들 또한 문법 용어에 관한 어려움을 가지고 있다. 수업시간과 수업자료에서 자주 나오는, 문법명칭과 관련된 연습문제로는 낱말과 문장을 주어진 문법명칭에 따라 배열하면서 분석해 보는 것이다.

Schlüssel

1.1

Kennen Sie diese grammatikalischen Begriffe?
Ordnen Sie die Beispiele den Begriffen zu.

Beispiel: "mein(e)" ist ein Possessivpronomen, 1. Person Singular.

war	Possessivpronomen, 1. Person Singular
wir	2. Person Singular von "sein", Präsens
Ich habe <u>einen Freund</u>.	Nomen, Plural
mein(e)	3. Person Singular von "sein", Präteritum
<u>Das Haus</u> ist weiß.	Personalpronomen, 3. Person Singular, Akkusativ
ihn	Personalpronomen, 1. Person Plural, Nominativ
bist	Nominativergänzung
die Autos	Infinitiv
haben	Akkusativergänzung

(고유자료)

이러한 유형의 연습문제는 학습자들이 문법용어를 이해할 수 있게 할뿐만 아니라 적극적으로 사용할 수 있게 한다. 만약 여러분이 수업시간에 문법에 관한 충분한 연습경험을 가지고 있다면 분명히 더 좋은 연습문제들이 생각날 것이라고 본다. 이 자리에서 여러분에게 당부하고 싶은 말은 문법을 수업시간에 적극적으로 다루어서 학습자들이 이러한 문법용어들과 좀 더 친숙해지고 또한 잘 알았으면 하는 것이다.

Tom Hutchnson (1987)은 아래와 같이 교사에게 충고하고 있다.

1. 수업시간에 문법을 규칙적으로 다루되 너무 자주 다루지는 말라. 학습자가 문법에 익숙해 져야 하며 문법을 짐으로 느껴서는 안 된다.

2. 학습자는 모든 문제에 즉각적으로 문법책의 도움을 받을 필요는 없다. 먼저 자신의 해결전략을 사용하도록 하는데, 이러한 자신만의 문법은 증명과 해결이상의 기능을 내포하고 있다.

3. 모든 학습자는 학습자 나름대로의 문법모델을 소유하고 있어야 한다. 이것이 불가능하다면, 최소한 자기가 속해 있는 반이 공유하고 있는 문법모델을 가지고 있어야 한다. 예를 들자면, 두 학습자가 하나의 공통된 문법을 가지고 작업할 수 있도록 해야 한다.

4. 초급단계의 학습자들도 문법과제를 다뤄야 한다. 이러한 작업이 빠르면 빠를수록 학습자들은 문법 전략을 더욱 잘 습득할 수 있으며 또한 연습도 가능해진다.

5. 문법주제와 관련된 이러한 연습은 흥미롭고 다양해야 하며 또한 재미있어야 한다. 학습자가 문법 연습과제를 지루하게 느끼거나, 완전히 거부한다면 여러분은 무엇인가를 잘못 하고 있는 것이다.

05

Vorschläge zur Übertragung von Anregungen aus dieser Studieneinheit auf die Unterrichtspraxis

이 책에 소개된 아이디어를 수업 시간에 적용하기 위한 제안들

지금까지의 구성성분들을 통하여 수업시간에 사용할 아이디어와 전략을 충분히 얻었으리라고 생각한다. 여기에서 우리는 다시 한 번 몇 개의 제안들을 요약하고 심화하고자한다.

이번 장과 관련된 몇 가지 제안: 여러분은 이 책 전체를 그냥 통째로 정독하지는 않았을 것이다. 이 장은 다른 장들과 병행하여 나눠져 있으므로, 여러분은 이 장 전체를 그냥 의미 없이 읽어 내려가는 것보다는, 중요한 요점 하나를 골라 다른 장과 연계하여 무엇을 다뤄야 할 것인지를 숙지하였으면 한다.

계속적인 작업을 위한 제안:

➤ 먼저 이 책에서 서로 연관되어 있는 장들을 다시 한 번 살펴보세요!

➤ 여러분에게 가장 재미있었고 흥미로웠던 장의 전체나 부분을 읽어보고 현재 여러분 수업시간에서 활용할 수 있는 아이디어를 찾아보세요!

➤ 만약 여러분이 팀티칭으로 다른 교사와 함께 단원 하나를 다루게 된다면 그 단원을 나누어야 합니다.

➤ 이제 작업계획을 세우세요! 작업 단계와 이에 필요한 교재 및 참고 자료들을 메모하세요!

지금까지는 작업계획에 대한 것입니다. (다루고 싶은) 장에서 한 부분을 선택하였나요?

1. 도입부문에는 특별히 문법에 관한 교사와 학생의 생각이 쓰여 있다.
기타: 이 책이 문법에 대한 여러분의 생각에 어떠한 영향을 주었나요?
약간이라도 변화를 주었나요?

학생들이 문법을 어떻게 생각하는지 알아보도록 하세요! 여러분에게 가장 문제가 되는 것은 무엇인가요? 여러분 교재의 문법 중에서 어떤 것이 가장 흥미로운가요? 어떤 연습유형들이 잘 알려져 있나요?

작업동기 유발

여러분은 동료들과 함께 설문 표를 만들거나, 혹은 교재에 있는 주제를 가지고 수업시간에 한번 이야기를 나눠도 된다. 이러한 대화나 설문조사를 통하여 어떤 종류의 문법수업이 여러분의 학생에게 가장 편안하고 효과적인지를 알 수 있으며, 이것은 또한 여러분의 계속적인 작업에 초석이 될 수 있다.

2. 2장의 주제는 우선 교재 내용에 관한 목차를 비교하는 것인데, 이것을 통해 문법에 관한 서로 다른 견해가 명확히 나타날 수 있다. 과제 4는 여러분이 사용하는 교재를 주제로 하고 있다. 여러분의 교재 목차를 과제 4의 목차와 비교해보고 스스로 목차에 기입해보라.

작업동기유발:

만약 여러분이 사용하고 있는 교재내용에 관한 정보가 불충분하거나 학생들이 이해하기 어려우면, 교재내용이 잘 전달되도록 모국어로 각 단원의 학습목표에 대해 짧게 설명해 준다.

과제 5(24쪽)에서 교재속의 문법에 관해 아래와 같은 질문을 다루었다:

교재 분석에 관한 작업제안

1) (지은이가 말하는 혹은 내포되어 있는) 본 장의 학습목표는 무엇인가?
2) 어떠한 텍스트지문들이 (대화문, 읽기 텍스트) 제시되어 있는가?
3) 어떠한 문법구조와 규칙들이 도입되어 있는가?
4) 어너한 상황/내용과 문법구조가 결합되어 있는가?
5) 문법구조와 규칙들이 시각적으로 어떻게 표시되어 있나?
6) 몇 개의 연습문세들이 각각의 문법주제에 대해 주어져 있나?
7) 각각의 연습문제에서 어떠한 문법지식들이 요구되는가?
8) 각각의 연습문제들을 분석하여 연습목적에 대한 핵심단어목록을 만드시오! 무엇을 구체적으로 연습할 수 있는가? 학습자가 정확히 무엇을 해야만 하는가?
9) 교사가 이 과를 다룰 때 어떠한 과제를 가지는가?
10) 이 과를 가지고 수업계획을 짜보세요 (누가 행동하고/ 말하고/ 무엇을? 연습에 얼마의 시간이 소요되나? 어떠한 수업단계들로 구분할 수 있나?)

작업을 위한 이러한 질문들은 여러분이 사용하고 있는 교재에 동일한 방식으로 적용해 보고 그 결과들을 메모하시오! 그렇게함으로써 여러분이 계획한 수업의 수정안을 미리 예측하고 계획할 수 있는 토대를 마련할 수 있다.

이 책의 2장에서는 비디오로 녹화된 독일문화원의 문법수업이 소개되었다. 이러한 프로젝트용의 수업시간녹화 비디오들은 독일문화원에 비치되어 있다. 그리고 이러한 비디오자료들에 관한 개요가 수록되어 있는 서류철 또한 발견할 수 있는데, 그 속에는 매 시간마다의 기록 자료와 작업 자료 등도 수록되어 있다. 가능하다면 위에 언급된 수업시간이나 다른 수업시간에 관한 비디오 자료를 참조하길 바라며, 이 단원과 관련된 문법 주제를 골라 여기서 제시된 제안들과 비교하고 여러분의 수업 경험과도 비교해 보시오. 가장 좋은 것은 이러한 비디오 녹화 물을 혼자 보지 말고, 보기 전에 여러분의 동료와 함께 수업시간 일지와 수업자료를 살펴 보면서 무엇에 주의를 기울여야 하는지를 정확하게 이야기해 보시오. (연습형태, 교사/학습자 활동 등등). 이 외에도 위의 10가지 작업에 관련된 질문들을 비디오의 문법수업에 적용해 볼 수 있다.

3. 이 책은 문법을 다루는 방법에 따라 세 가지의 교재유형으로 구분하고 있다. 이러한 방법 모두 특정 학습자그룹에게 장단점을 가지고 있다. 본 장의 후 작업으로 여러분 교재가 어느 교재유형에 속하는지를 규정해 보도록 하며, 이와 더불어 거의 모든 교재에 나오는 단골 대화상황인 "Beim Arzt 병원에서"와 "dass-문장"에 대해서도 한번 생각해 보고 이 장에서 사용된 예시문도 비교해 볼 수 있다.

이 책의 66~69쪽에 의사소통적 문법수업의 원칙들이 소개되어 있다. 가능하다면 여러분이 사용하는 교재에 나오는 구체적인 예문들을 가지고 토론해 보시오. 어떠한 원칙들이 고려되어있으며, 이러한 문법 소개를 어떠한 방법으로 변형시킬 수 있는가?

4. 4장의 각 구성성분에서 일련의 구체적인 과제들이 소개되어 있는데, 이러한 수업 제안들을 여러분 수업에 적용해 보기를 바라며, 이 자리에서 다시 한 번 이에 해당되는 과제들을 소개하고자 한다.

첫 번째 구성성분 (진도)

본 구성성분에서는 문법 진도를 다루고 있어, 여러분이 사용하는 교재의 문법진도에 대해 다시 한 번 진지하게 심사숙고 할 수 있게 한다. 과제 14를 하고 난 후 여러분 교재를 가지고 이 책에서 제시한 예시모델의 문법규칙의 순서와 비교해 보고 이에 대한 차이점을 메모하고, 가능하다면 여러분 동료교사와 이에 대한 근거에 대해 이야기 해 보시오. 이때 두 가지의 질문에 대해 대답해야만 한다.

1. 문법규칙 중 먼저/ 나중에 소개해야 할 것이 있는가?
2. 문법규칙을 설명할 때 나누어서 소개해야 할 것이 있는가?

조별로 작업할 경우, 소개된 수업 제안중 하나를 공통으로 다룰 수 있다. 첫 번째 구성성분에서 제시된 세 가지의 수업 제안(완료형, 화법동사, 3인칭 대명사)을 모델로 사용할 수 있다.

만약 완료형의 예를 다뤄 보고자 한다면, 다음과 같은 작업순서로 할 수 있다.

우선 여러분이 가르치고 있는 학습자에 관한 자서전을 **모델 텍스트**로 쓰며, 구체적인 자서전 텍스트를 쓰시오. 이러한 텍스트에는 가능하면 학습자들이 나중에 자신에 관한 텍스트를 쓸 때 사용할 수 있는 많은 낱말들과 문장성분들을 사용하도록 한다.

이렇게 여러분은 완료형 도입을 위한 예시 텍스트 하나를 가지게 된다.

여러분과 함께 작업할 학습자 그룹을 위해 위의 텍스트에 알맞은 연습문제가 있는 모델을 만들어 보세요!

두 번째 구성성분 (시각화)

두 번째 구성성분에서 문법을 시각화 할 수 있는 가능성이 네 가지로 구분되는데 이에 관한 예시모델들을 다시 한 번 살펴보세요.

➤ 알고 있는 교재들을 가지고 이점을 서로 비교해 보세요! 문법의 시각화를 위하여 어떠한 방법이 사용 되어있는가? / 사용되어 있지 않는가?

➤ 문법을 시각화하는 여러 가지 형태에 대해 학생들은 어떻게 반응하는가?

➤ 시각화된 내용들이 어떤 특정한 언어적 내용과 특정한 문법구조를 명확하게 나타내고 있는가?

본 구성성분에서는 동사와 보충어의 연관관계를 타원형 및 정사각형을 사용하여 표현하는 수업제안을 상세히 설명하였다.

➤ 위의 제안을 여러분의 교재에 적용해 보도록 하세요!

그리고 또한 여러분의 교재에서 한 부분을 골라 위에 소개된 수업모델을 순서대로 적용해 보세요!

➤ 이 시점에서 수업시간에 배웠던 동사들과 보충어를 써 보세요!

➤ 본 구성성분의 수업모델처럼 연습과제를 한번 만들어 보세요!

세 번째 구성성분 (놀이)

세 번째 구성성분은 놀이시스템만을 소개 하는 것이 아니라, 아주 구체적이면서도 다양한 몇 가지의 놀이방식의 연습에 관한 원칙들을 소개하고 있다. 본 구성성분에 소개된 과제 26부터 32는 이러한 놀이원칙의 다양성과 적용을 위한 실제적인 제안들에 관한 것이다. 만약 여러분에게 이러한 기회가 주어진다면, 조를 짜서 놀이의 몇 부분을 만들어 보거나 이에 대한 준비회의를 하고, 또한 수업시간에서의 여러분 경험을 한번 함께 평가해 보시오. 어떤 놀이를 학생들이 가장 흥미 있어 했나? 무엇이 잘 이루어 지지 않았나? 무엇을 개선할 수 있나?

네 번째 구성성분 (규칙 찾기)

네 번째 구성성분에서는 문법 설명을 위한 몇 개의 제안과, 학습자들이 자율적으로 규칙을 찾아내려고 할 때, 작업을 도울 수 있는 몇 개의 과제를 소개하였다.

여러분 교재의 문법 설명과 문법 도표를 다시 한 번 살펴보세요. 비판들 중 어떠한 점이 여러분 교재에 해당되는가? 혹은 해당되지 않는가? 리스트를 한번 만들어 보세요!

만약 그룹 내에서 작업하게 된다면, 문법규칙을 설명하는 것을 한번 가상해보고 이러한 설명을 카세드에 녹음해보시오! 어떤 점을 수정해야 하는가?

그리고 마지막으로 완료형 문법소개 모델에 따라 완료형의 주제나 다른 주제를 가지고, 순차적으로 되어 있는 과제 및 문법 설명을 내용으로 하는 수업초안을 작성하여 수업시간에 한번 실습해 보시오!

다섯 번째 구성성분 (참고교재 이용하기)

본 구성성분에서도 실질적으로 과제들이 텍스트에 내재되어있다. 여기에 있는 질문과 설명을 여러분이 사용하고 있는 문법을 위한 작업에도 적용해 볼 수 있다.

- 비교해 보시오: 여러분 교재에는 dass- 문장이 어떻게 다루어지고 있는가?
- 이것은 이 책의 어떤 문법 설명 형태와 동일한가?
- 여러분이 잘 알고 있는 교재와 여기서 언급된 참고서적들을 서로 비교해 보시오!
- 독일어교사/ 여러분의 학생들에게 질문하시오: 어떤 목적으로 문법을 사용하는가? 이 경우 어떠한 문제들을 가지고 있는가? 여러분에게 도움이 되는 문법은 어떤 것이어야 하는가?

수업에 관한 제안:

이러한 제안들을 수업시간에 적용해보고 — 가능하다면 다른 동료들과 함께 — 여러분이나 여러분의 학생이 사용할 문법모델로서 이에 관한 짧은 연습문제를 만들어 보세요. 이것을 학생들과 함께 풀어보고 필요하다면 부분적으로 수정하세요!

06

Literaturhinweise

더 읽을 거리

일러두기

분법을 주제로 하는 교육전문 문헌들은 광범위하고 다양하다. 우리는 본 장에서 이러한 문헌목록을 체계적으로 요약하여 소개하려는 것이 아니다. 우리는 다음과 같은 다음 서적들만을 소개하기로 한다.

- 교육문법에 관한 기본정보를 짧게 요약한 형태로 소개하고 있는 서적들
- 수업을 위한 직접적이고 실제적인 조언들을 내포하고 있는 서적들
- 독일문화원의 도서관에서 사용되거나 다른 방식으로 손

쉽게 구입 가능한 서적

➤ 이 책에서 언급되었거나 인용되었던 것

1. 문법교육

BAUSCH, Karl-richard (Hrsg.) (1979): *Beiträge zur didaktischen Grammatik. Problme, Konzepte, Beispiele*. Königstein /Ts.: Scriptor Verlag

이 책속에 있는 다양한 논문들은 언어학적 문법과 교육문법사이의 연관관계를 바탕으로 하고 있다. 이러한 논문들은 이론적인 것으로서 실제 수업을 위한 구체적인 도움은 이차적인 것이다.

BAUSCH, Karl-richard (Hrsg.) (1989): *Handbuch Fremdsprachenunterricht*. Tübingen: Francke Verlag

본 총서의 일련의 중심어들은 문법에 관한 것이다 (특별히 40, 56호)

DAHL. Johannes / WEIS, Brigitte (Hrsg.) (1988): *Grammatik im Unterricht. Expertisen und Gutachten zum projekt Grammatik im Unterricht des Goethe Instituts München*. München: Goethe-Institut, Referat 42

모든 논문들에서 수업시간을 녹화한 비디오기록물에 관한 것을 다룬 것이다.

DAHL. Johannes / WEIS, Brigitte (Hrsg.) (1988): *Handbuch Grammatik im Unterricht*. München: Goethe-Institut, Ref. 42.

본 프로젝트의 두 시간을 제 2 장에서 소개하였다.

DAUVILLIER, Christa (1986): *Im Sprachunterricht spielen?, aber ja!* München: Goethe-Institut.

제 2장에서 소개된 놀이만이 문법주제와 관련되어 있다.

FRANK, Christine / RINVOLUCRI, Mario (1983): *Grammar in Action*. München: Max-Hueber-Verlag.

본 총서에는 학습자들이 문법수업시간에 적극적으로 동참할 수 있게 하는 활동에 대한 몇 가지 제안들이 수록되어 있다. 대부분은 독일어수업에 적용할 수 있다.

GÖBEL Richard (1979): *Lernen mit Spielen, Lernspiele für den Unterricht mit ausländischen Arbeitern*, Frankfurt:Pädagogische Arbeitsstelle des DVV.

문법 익히기를 위한 매우 유용한 놀이모음. 주석에 놀이에 관한 긍정적인 근거가 있다.

GROSS. Harro/FISCHER, Kalus (Hrsg.) (1990): *Grammatikarbeit im Deutsch als Fremdsprache-Unterricht*, Münschen: Iudicium Verlag

이 책의 대부분의 논문들은 대학의 고급수준의 학습자들을 위한 수업에 관한 것이다.

HELBIG, Gerhard (1973): *Geschichte der neureren Sprachwissenschaft. Unter dem besonderen Aspekt der Grammatik-Theorie*. München: Max-Huber-Verlag

이 책은 문법수업에 대한 언어학적 근거를 일목요연하게 요약하고 있다.

HELBIG, Gerhard (1981): *Sprachwissenschaft - Konfrontation - Fremdsprachen-unterricht*. Lepzig: Verlag Enzyklopädie

언어학과 언어수업의 연관관계에 대한 정의와 논의

HUTCHINSON, Tom (1987): *Using Grammar Books in the Classroom*. Oxford: Oxford University Press.

참고교재를 다루는 것을 연습할 수 있는 실제적이면서 쉬운 연습문제들

KELLE, Antje (1981): *Grammatik für die 5./6*. Klasse. Mentor Lernhilfe Band 15. München: Mentor-Verlag.

이 책에는 자율문법학습을 위한 논문들과 아이디어들이 수록되어 있다.

KRUMM, Hans Jürgen (1988): *Grammatik im kommunikativen Deutschunterricht. Konsequenzen für eien didaktische Grammatik und für das Lehrverhalten* in Dahl/Weis (Hrsg.): *Grammatik im Unterricht*, Seite 5-44.

본 논문은 수업시간에 문법을 다루는 것에 관한 기본적 입장을 규정하는 것을 내포하고 있으며, 문법수업에 관한 독일문화원의 몇 개의 비디오기록물에 대해 평가하고 있다.

LOHFERT, Walter (1983): *Kommunikative Spiele für Deutsch als Fremdsprache*. München: Max-Hueber Verlag

파트너작업을 위한 좋은 자료. 문법을 위한 많은 놀이 (이러한 놀이들은 모두 새로운 것은 아니다). 놀이는 쉽게 이해할 수 있게 설명되어 있다.

MEESE, Herrad (1984): *Systematische Grammatikvermittlung und Spracharbeit im Deutschuntrricht für ausländische Jugendliche*. München: Langenscheidt-Verlag

이 책에서 각 문법규칙에 대한 수업제안과 함께, 무엇보다도 학습의 어려움을 가지고 있는 터어키 청소년들에게 유용한 언어대비적인 수업제안들을 발견할 수 있다.

Neuner, Gerhard u.a. (1981): *Übungstypologie zum kommunikativen Deutschunterricht*. München: Langenscheidt- Verlag.

이 책에는 많은 연습문제들이 수록되어 있는데 무엇보다도 문법연습을 위한 예들이 많다.

RAMPILLON, Ute (1985): *Lerntechniken im Fremmdsprachenunterricht*, München: Max-Huber-Verlag.

RINVOLUCRI, Mario (1984): *Grammar Games*. Cambridge University Press.

이 책에는 영어수업을 위한 놀이제안이 체계적으로 소개되어 있는데, 이것을 독일어수업에도 손쉽게 적용할 수 있다. 놀이를 주제로 하는 구성성분 3에서 이 책에 나와 있는 몇 가지 아이디어를 발견할 수 있다.

SCHMIDT, Reiner (1990): *Das Konzept einer Lerner-Grammatik*, in: GROSS / FISCHER (Hrsg.): *Grammatikarbeit im Deutsch-als-Fremdsprache-Unterricht*, Seite 153-162

본 논문은 교육 문법작업의 개념규정을 위한 것이다.

SPERBER, Horst G (1989): *Mnemotehniken im Fremdsprachenerwerb mit Schwerpunkt Deutsch als Fremdsprache*. Münschen: Iudicium Verlag

WEGENER, Heide / KRUMM, Hans Jürgen (1982): *Spiele - Sprachspiele-Sprach-lernspiele, Thesen zur Funktion des Spielens im Deutschunterricht für Ausländer, im Jahrbuch Deutsch als Fremdsprache*, Bd. 8, Seite 189-203.

이 책은 언어수업에서 학습놀이의 배분범주, 입장 그리고 형태에 대해 언급하고 있다.

ZIMMERMANN, Günther (1990): *Grammatik im Fremdsprachenunterricht der Erwachsenenbildung*. München: Max-Hueber Verlag.

ZIMMERMANN, Günther / WISSNER-KURZAWA, ELKE (1985): *Grammatik lehren - lernen - selbstlernen*, München: Max-Hueber-Verlag.

이 책의 예들은 프랑스어 수업과 연관된 것으로, 문법의 자율학습을 위하여 많은 제안들이 수록되어 있다. "문법을 스스로 학습하기"를 위한 구성 성분에서 이 책의 몇 가지 제안들을 발견할 수 있다.

2. 참고교재

Schüler -Duden. Grammtik. (1981²) Mannheim: Duden Verlag.

이 책은 외국어수업을 위해 쓰여진 것이 아니다. 외국어학습자를 위한 유용한 개관

BALDEGGER, Markus u.a. (1980): *Kontaktschwelle Deutsch als Fremdsprache*. Hrsg. vom Europarat - Rat für kulturelle Zusammenarbeit. Straßburg. München: Langenscheidt- Verlag. (1981)

이 책에는 특별히 성인언어학습자들이 말하고자 하는 의도와 이러한 의도

를 독일어로 실현할 수 있는 방법을 모아 놓았다. 이탈리아어, 프랑스어, 스페인어 그리고 영어를 위한 유럽평의회리스트가 있다.

DUDEN, Band 4, *Grammatik der deutschen Gegenwartssprache*. (1984[4]): Hrsg. v. Günther Drosdowski u.a.. Mannheim Duden Verlag.

이 책은 가장 잘 알려진 언어규범에 대한 참고교재이다. 표지에 문법에 대한 것이 쓰여 있다: 문법이란 모든 언어 현상을 학문적으로 정확하고 명확하게 기술하는 것이다. 이 책은 고급수준의 학습자에게 알맞다.

ENGEL, Ulrich (1988): *Deutsche Grammatik*. Heidelberg: Julius Groos Verlag.

이 책은 독일문법을 텍스트, 문장 및 낱말차원에서 광범위하게 언어학적으로 기술하고 있다.

EPPERT. Franz (1988): *Grammatik lernen und verstehen. Ein Grundkurs für Lerner der deutschen Sprache*. Stuttugart: Ernst Klett Verlag.

이 학습자문법서의 장점은 많은 예문들과 학습에 관한 정보들 그리고 쉽게 설명되어 있는 문법규칙과 의미정보이다. 그러나 동사 편에서 사용된 많은 예문들은 학습자들에게 그렇게 쉽지가 않다.

GRIESBACH, Hein: *Regeln aus der deutschen Grammatik*. München Verlag für Deutsch.

DERS. (1983): *Test- und Übungsbuch zur deutschen Grammatik*. München Verlag für Deutsch.

이 연습문제집 (정답지 포함)의 연습문제들은 각 장마다의 짧은 문법과 직접적으로 연관되어 있어 학습자들이 자율 학습을 위한 자료로서 적합하다. 단점: 예문들이 언어적으로 매우 복잡하고 주제 면에서 매우 산만하게 되어 있다.

DERS. (1986): *Neue deutsche Grammatik*. München: Langenscheidt Verlag.

이 책은 라틴어의 학교문법의 용어들로 되어 있다. 문법성분들의 위치에 관한 정보 - 본 모델에 따라 - 전통적인 주어, 술어, 목적어를 정확하게 기술하고 있는데, 학습자들이 이해하기 쉽지 않다.

HELBIG, Gerhard / BUSCHA, Jochaim (1980^{6}): *Deutsche Grammatik. Ein Handbuch für den Ausländerunterricht*. Eipzig: Verlag Enklopädie und (1991^{13}): Verlag Enklopädie, Langenscheidt.

이 책은 잘 알려진 참고교재로 구조의 의미와 독일어 동사에 대해 매우 상세한 정보들을 담고 있다. 이러한 짧은 형태의 문법 설명은 학습자들을 위한 참고서로 매우 적합하다.

KARS, Jürgen / HÄUSERMANN, Ulrich (1988): *Grundgrammatik Deutsch*. Frankfurt am Main: Morit-Diesterweg-Verlag

이 책은 시각적으로 학습자가 보기 편하게 구성되어 있는 문법서로서 기초과정의 학습자에게도 권할 만하다. 예문을 이해하기 위하여 종종 중부유럽의 문화에 관한 지식이 요구된다.

LUSCHER, Renate (1975): *Deutsch 2000, Grammatik der modernen deutschen Umgangssprache*, München: Max-Hueber -Verlag.

NIEDER, Loren (1987): *Lernergrammatik für Deutsch als Fremdsprache*. München: Max-Hueber -Verlag.

이 책의 장점은 좋은 예문들을 통하여 문법규칙을 명확하게 설명하고 있다는 것이다. 이러한 예문들은 일상회화에서 보다는 문학작품에서 나온 것이다. 기초단계의 학습자들이 이 책을 보는데 문제가 있으리라고 본다.

RALL, Marlene u.a (1977): *Dependen-Verb-Grammatik für Deutsch als Fremdsprache*. Heidelberg: Julius-Groos-Verlag

제 이 외국어로서의 독일어를 위한 기본서. 동사-의존문법을 위한 간략한 요약문이Meese (1984)의 도입 장에 있다.

3. 외국어로서의 독일어 교재

이 책에서 아래의 교재들에서 나오는 예문들을 사용하였다. 그러나 이러한 교재들이 대표적 서적이라는 말이 아니며, 또한 여러분의 수업에 추천하고자 하는 것이라고 오해하지 않기를 바란다. 아래의 교재들을 잘 읽어 보기 바란다.

systematisch oder repräsentativ. Wenn Sie Gelegenheit haben, dann schauen Sie sichdie Lehrwerke einmal genauer an.

AUFDERSTRASSE, Hartmut u.a. (1983): Themen - *Lehrwerk für Deutsch als Fremdsprache*. München: Max-Hueber-Verlag.

BALTZER, Ralf A. / STRAUSS, Dieter (1989): *Atles Gute! Ein deutscher Femseh-sprachkurs*. München: Langenscheidt-Verlag.

BRAUN, Korbinian / NIEDER, Lorenz / SCHMÖE, Friedrich (1967): *Deutsch als Fremdsprache*. Stuttgart: Klett Verlag.EICHHEIM, Hubertu.a. (1981): MirfaUtauf... München: Langenscheidt-Verlag.

EICHHEIM, Hubert u.a. (1981): *Mir fällt auf...* München: Langenscheidt-Verlag.

GRIESBACH, Heinz / SCHULZ, Dora (1976, zuerst: 1955): *Deutsche Sprachtehre für Ausländer*. München: Max-Hueber-Verlag.

HAUSSERMANN, Ulnch u.a. (1978): *Sprachkurs Deutsch. Unterrichtswerk für Erwachsene*. Prankfürt am Main: Mohtz-Diesterweg-Verlag.

DERS. u.a. (1989): *Sprachkurs Deutsch - Neufassung*. Frankfürt am Main: Moritz-Diesterweg-Verlag.

MEBVS, Guda1avi. a. (19SS): *Sprachbrucke. Lehrwerk für Deutsch als Fremdsprache*. München: Klett Edition Deutsch.

MÜLLER, Peter u.a. (1982): *Sprechen und Sprache*. Florenz: Sansoni Editore.

NEUNER, Gerd u.a. (1979): *Deutsch aktiv. Ein Lehrwerk für Erwachsene*.

München: Langenscheidt-Verlag.

DERS. u.a. (1986): *Deutsch aktiv Neu*. München: Langenscheidt-Verlag.

DERS. u.a. (1983): *Deutsch konkret - ein Lehrwerk für Jugendliche*. Miinchen: Langenscheidt-Verlag.

PEKSIRIN, Hilmi u.a. (1983): *Wir Iemen Deutsch*. Istanbul: Milli Egidm Basimevi.

SCHÄPERS. Roland u.a. (1972): *Deutsch 2000 - eine Einführung in die modeme Umgangssprache*. München: Max-Hueber-Verlag.

SCHERLING, Theo u.a. (1982): *Deutsch hier*. München: Langenscheidt-Verlag.

07

Lösungsschlüssel

해답

일러두기

이 책에 나와 있는 일련의 과제들은 여러분의 수업경험에 관한 질문이거나 혹은 매우 개인적인 질문일 수도 있다. 이러한 경우와 그리고 여러 개의 답이 가능한 경우에는 모범 답을 제시하지 않을 것이다. 주어진 과제에 관한 모범 답은 본 장에 있는데, 그 답만이 정답은 아니다.

과제 1

A4, B/1, C/5 D/3, E/2, F/1

과제 2

범주로는 텍스트와 언어재료가 지칭된다. 대부분의 정보들이 언어 재료란에 나와 있고, 이것은 특별히 회색으로 되어 있어 그 의미가 강조된다. 내용에 관한 목차는 개괄적이고 충분한 정보를 준다. 그러나 각 장의 실질적 내용에 대한 정보는 없다. 예: Haben Sie genug Geld 충분한 돈이 있나요? – 여기에서 어떤 텍스트 지문인지, 어떠한 주제인지 그리고 어떤 대화 상황인지를 정확히 알 수 없다. "Im Klassenzimmer 교실에서" 라는 대화문의 경우에서는 대화상황을 좀 더 정확하게 상상해 볼 수 있다.

과제 3

예 2: 3,

예 3: 1,

예 4 :2.

과제 5

1) 책 저자들은 학습목표로 4격의 일인칭 및 이인칭 대명사와 dürfen과 können의 화법동사를 언급하고 있다.

2) 도입텍스트지문으로 Ahment, Hüseyin과 Thrgut사이의 대화문이 사용된다.

3) 다른 화법동사들 또한 사용되어진다. 화법동사들의 사용과 그 한계를 연습한다.

4) 터키의 청소년들이 터어키 극장 앞에서 독일말로 약속을 한다.

5) 문법규칙에 관한 설명도 없고, 이에 관한 표도 없다. 그리고 문법규칙이 시각적으로도 되어 있지 않다.

6) 네 개의 인칭대명사에 대해 연습문제가 각각 하나씩 있다.

7) 여기서는 동사를 인칭변화 시킬 필요가 없다. 그리고 화법동사의 내용적 의미를 알고 있다는 것을 전제로 한다.

8) 연습문제 1: 인칭대명사 ich / wir 와 dich / euch의 사용
연습문제 2: 4격 인칭대명사 (uns)를 집어넣기
연습문제 3: 의문대명사 wen과 인칭대명사 mich를 집어넣기
연습문제 4: 4격의 인칭대명사 (dich)와 부정
연습문제 5: es gibt (!)의 보충, 무관사와 kein을 인지시키기
연습문제 6: 화법동사 dürfen
연습문제 7: 맞는 동사를 집어넣기 (화법동사뿐만 아니라). 학생들은 모든 연습 문제에서 주어진 낱말을 집어넣어야 한다.

9) 이러한 수업에서 교사는 매우 적극적인 역할을 한다. 교사는 학생들은 부르고 교정해주며 또한 많은 보충연습문제를 내 준다.

10) 이러한 수업에서는 교사가 주도적이다. 교사는 학생들보다 더 많은 작업을 해야만하고 학생들은 교사가 연습문제를 지시할 때 해야만 한다. 이러한 작업 방식은 다른 교재를 통해 이미 알고 있으므로 빨리 진행되어도 무방하다. 수업은 대화문 작업과 빈칸 채우기 연습문제로만 되어 있고 다른 형태의 연습형태들이나 수업단계는 없다.

과제 7

1) 완료형과 부문장에 관한 것이다.

2) 본 텍스트는 일인칭으로 되어 있는 보고문, 교통정리 및 교통사고와 자동차 도난에 관한 내러티브 텍스트이다. 여기서 누가, 어떤 이유에서, 무엇을 이야기하고 있는지는 언급되어 있지 않다. 본 텍스트는 많은 부문장을 내포하고 있다.

3) 위를 보시오.

4) 대화문으로 되어 있는 교통정리에 대한 내러티브 텍스트

5) 책에서 문법규칙 설명은 회색으로 색칠되어 있다.

6) 특별히 dass- 문장에 관한 두 개의 연습문제가 있다. 학습자들은 우선 주어진 규칙에 따라 부문장을 만들어야한다 (연습문제 6). 그리고 두 개의 주문장을 하나의 주문장과 부문장으로 만들어야한다 (연습문제 7).

7) 주문장과 부문장내의 문장성분들의 위치 익히기. 주문장과 부문장 바꾸기에서 학생들은 주어진 대명사 es를 사용해서는 안 된다 (연습문제 7). 연습문제 예들은 분리 동사들과 완료형을 내포하고 있다.

8) 학습자들은 주어진 문장들을 바꿔야 한다. 여기에서 정답은 하나만 있다.

9) 교사는 학습자들에게 질문하고 학습자의 대답을 교정한다.

10) 학습자들은 교정된 문장 하나를 말해야만 한다. 교사들은 설명을 하고 교정한다.

수업진행: 텍스트내의 문법을 도입 / 규칙을 인지 / 그리고 두 개의 연습문제하기

과제 10

7) dass, ob 혹은 의문대명사로 된 부문장에 관한 다섯 가지 연습문제들은 서로 다른 선지식을 요구한다. 규칙을 적용하는 것은 문장예시와 예문을 통하여 비교적 쉬우나 분리 동사들과 화법동사들의 경우에는 그렇지가 않다.

8) 몇 개의 연습문제들의 경우에는(1,2,4) 주문장을 부문장으로 전환시켜야만 한다. 학습자들은 다른 연습문제들에서 항상 동일한 문장구조를 반복한다. 학습자들은 빈 칸을 채우고 문장성분들을 보충한다. 연습문제의 몇 부분들은 분리 동사들과 화법동사들을 전환시켜야 하는데, 이를 위한 예시가 주어지지 않아 어렵다. 연습 문제들은 구두의 연습문제로 생각되지만, 학습자들은 분명히 글로 쓸 것이다.

9) 교사는 문법을 설명할 필요도, 보충 연습문제를 줄 필요도 없다. 교사는 교정에 집중할 수 있다.

10) 대화문 연습은 넓은 공간을 요구한다. 그 후 짧게 잘 준비된 보충하기 및 문장 집어넣기 연습문제를 한다. 이러한 연습문제는 아마도 문법규칙에 대한 보충 설명 없이 학습자들이 할 수 있을 것이다.

과제 12

과제 12의 학습목표는 dass의 부문장과 간접화법이다. 텍스트는 카세트에 녹음되어 있는 인터뷰를 글로 요약한 것이다. 주문장 및 부문장들은 도식적으로 배열되어 있다. 동사들은 타원형으로, 보충어들은 사각형으로 표시되어 있다. 삽화들은 부문장의 사용영역과 문장 번역을 보여준다. 직접 및 간접화법사이의 변형은 화살표로 표시되어 있다. 부문장에 관한 세 개의 연습문제는 본 장에 내포되어 있다. (이와 비슷한 세 개의 연습문제들은 여기에서 언급하지 않겠다.) 부문장은 주어진 예문에 따라 만든다. 학습자는 부문장의 구조를 사용하고 연습문제 16, 17에서는 자신의 의견도 말할 수 있다.

과제 13

이러한 의도를 전달하는 표현들은 많이 있다. 몇 개의 예를 들자면:

Entschuldigung, ich hätte gern Ihre Zeitschrift, sind Sie damit durch?
Könnten Sie mir mal die Zeitschrift reichen?
Ist das der neue Stern? Darf ich mal sehen?
Kann ich mal den Stern haben?
Sind Sie fertig? Kann ich sie haben?
Darf ich mal?
...

과제 14.1

Deutsche Sprachlehre für Ausländer (Schulz/ Griesbach)가 의심할 여지없이 가장 긴 문법목록을 가지고 있다. 그 이유는 이 책에 문법만 있기 때문이다. 다시 말하면 학습자들은 이 책에서 독일문법의 사용만을 연습하게 된다. 언어수업에 있어서 다른 학습목표들은 이 목표 안에 놓이게 된다.

과제 14.2

Schulz/ Griesbach은 **보충어**라는 개념을 사용하지 않는다. 대부분의 문법용어들은 낱말차원과 연관되어 있다. Sprachkurs Deutsch에서는 **서술어**라는 개념을 사용한다. 위의 교재와 Themen에서는 동사를 격 지배에 따라 분류하는 방식을 도입된다. **보충어**라는 개념은 물론 Sprachkurs의 목차에서 사용되지 않는다. 그러나 여기서 우리는 위의 다른 두 교재와는 달리 이 교재에서는 보충어라는 용어대신 **불변화사**(시간불변화사와 장소 불변화사)로 명시되어 있음을 발견한다. Themen의 목차에서 쓰여 있는 것은 문장차원과 연관되어 있다. Sprachkurs Deutsch에서는 형용사어미변화가 좀 더 빨리, 그리고 상세하게 다루어지고 있다.

과제 14.3

a) Schulz/ Griesbach: 현재형 / 과거형 / 현재완료형 / 과거 완료형
   Sprachkurs Deutsch: 현재형 / 현재완료형
   Themen: 현재형 / 현재완료형

b) 주격 / 목적격 / 여격

Schulz/ Griesbach의 교재의 경우, 제 1권에서 이미 소유격이 도입된데 반해, 다른 두 교재에서는 소유격을 다루지 않고 있다.

과제 15

Schulz/ Griesbach는 확실히 가장 **급한 곡선의** 수업 진행 과정을 내포하고 있다. 그러나 종합적으로 보면 비슷한 면들이 많다.

과제 16

(왼쪽에서 오른쪽으로의) 첫 번째 기호는 전치사 zu와 nach을 위한 것이다. 두 번째 것은 bei를 말하는 것이고 세 번째 기호는 mit을 네 번째는 gegenüber를 말하는 것이다.

과제 17

짧은 예문에서 강조와 분배를 표시하기 위하여 모든 전통적인 인쇄기술이 사용되었다. 예를 들어 인쇄체, 반 굵은체, 대문자로 표기, 낱말차원에서 변화를 도식화하기, 각각의 중요한 낱말들과 중요한 문장들만을 따로 틀 속에 넣어 강조하기 등이 있다.

과제 18

Deutsch aktiv에서 동사는 타원형으로, 보충어는 직사각형으로 표시되어 있다. Sprachkurs Deutsch에서 동사와 보충어들을 여러 크기의 타원형으로 표시한다. 여기에서는 동사의 기능을 도식화하여 특별히 강조하고 있고, Deutsch aktiv에서는 컬러로 강조하였다.

과제 1

가능한 정답:

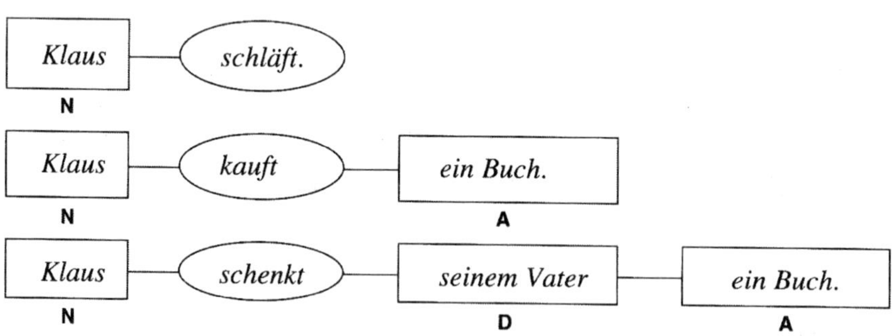

과제 20

여기서 문장 틀 (화법동사 + 동사부정형)이 표현되어 있다.

과제 21

문법규칙들은 인지적이고 분석적으로 학습되어야만 되는 것이 아니라, 구체적인 상황들이나 그림들과 연관되어 익혀져야 된다.

과제 24

교사는 말을 많이 해야만 하는데, 이때 항상 학생 한 명과만 말을 하게 된다. 대부분의 학생들은 수업에 적극적으로 동참하지 않는다.

과제 26

낱말의 빠진 부분을 보충을 한다든지 혹은 다른 방향으로 답을 해결할 수 있는 연습문제들로 원래는 모두 동일한 주제들이다: 예를 들어 형용사의 비교급, 무엇보다도 불규칙형태들 (gut- besser- am besten). 형용사의 반댓말 (stark -schwach)로 한 부분을 보충해야 한다. 하나 혹은 다른 부분이 빠져있는 합성어 (Haus... - Dach)의 경우는 두 부분 중 한 부분이 빠져 있다. 동사와 의미론적으로 어울리는 명사들 (schreiben - Brief) 찾기 등등

과제 33

이러한 개념들과 축약어들이 사용되는 것이 문제가 될 수 있다.

1. Adjektivdeklination 형용사변화
2. Singular 단수
3. maskulin 남성
4. neutral 중성
5. feminin 여성
6. Nom. 명사
7. Akk. 4격
8. Dat. 3격
9. Gen. 2격
10. Plural 복수
11. m. 남성
12. n. 중성
13. f. 여성
14. bestimmter Artikel 정관사
15. unbestimmter Artikel 부정관사
16. Possessivpronomen 소유대명사
17. Konsonat 자음
18. Fälle 경우들

과제 35a

11.1 Der Text der **zusammenfassenden Übung** enthält folgende **Wortarten:**

Text:	Wortart:
Die	bestimmter Artikel
Ameisen	Substantiv
In	Präposition
Hamburg	Substantiv (Eigenname)
lebten	Verb
zwei	Numerale
Ameisen,	Substantiv
die	Relativpronomen
wollten	Hilfsverb
nach	Präposition
Australien	Substantiv (Eigenname)
reisen.	Verb
Bei	Präposition
Altona	Substantiv (Eigenname)
auf	Präposition
der	bestimmter Artikel
Chaussee	Substantiv
da	Adverb
taten	Verb (zusammen mit Wortteil *weh*)
ihnen	Personalpronomen
die	bestimmter Artikel
Beine	Substantiv
weh,	Verb (zusammen mit Wortteil *taten*)
und	Konjunktion
da	Adverb
verzichteten	Verb
sie	Personalpronomen
weise	Adjektiv (als Adverb verwendet vgl. S. 41, 131)
dann	Adverb
auf	Präposition
den	bestimmter Artikel
letzten	Adjektiv (oder auch Numerale)
Teil	Substantiv
der	bestimmter Artikel
Reise.	Substantiv

출처 Kelle (1981), 177

과제 35b

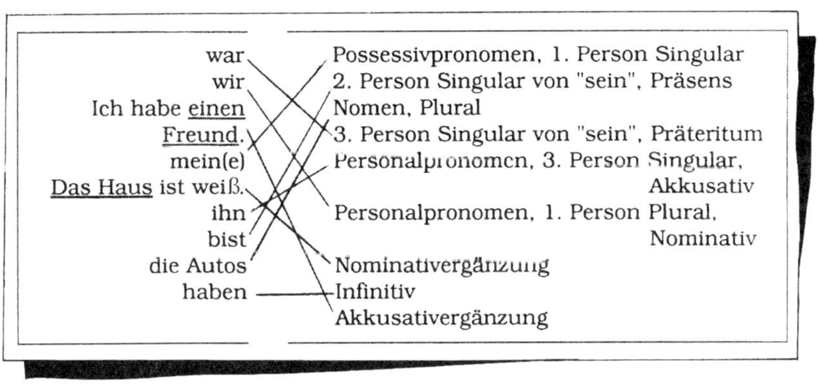

(자체 자료)

과제 38

A = Griesbach: *neue deutsche Grammatik*

첫 인상:

색인에서 한참동안 찾아야 했음.

- 목차의 명료성:

명확하지 않다. 많은 기호와 약자 그리고 알파벳이 사용되었으나 이에 대한 설명 없이는 이해할 수 없다. 모든 것이 dass의 사용법에 대해서 나열된 듯하다.

- 언어:

많은 특별한 개념들. 이에 대한 설명 없이는 이해하기 어렵다.

- 개요:

다양한 수단이 사용되고 있음에도 (화살표, 약어, 다양한 문자체 등) 불구하고 모든 것이 매우 통합적이고 많은 것처럼 느껴진다.

B = *Duden-Grammatik*

첫 인상:

색인에 많은 언어학적 용어등장. 혼동할 만큼 다양함

- 목차의 명료성:

목차가 잘 구성 되었으나 너무 상세하게 구분되어 있음

- 언어:

많은 텍스트, 매우 어려운, 학문적 언어

- 개요:

다양한 글자체, 매우 밀집되어 있다. 색이나 암시가 없다.

C = Kars/ Häussermann: *Grundgrammatik Deutsch*

첫 인상:

- 문제에 대해 제한적으로 쓰여 있음. 참고를 위한 두 가지의 가능성
- 목차의 명료성:
  굵은 글씨 등의 글자체를 통하여 매우 강하게 구분되어 있다.
- 언어:
  간단하고 이해하기 쉽다.
- 개요:
  규칙과 예들이 명료하게 구분되어 있다. 색을 적절하게 사용함. 인쇄체와 상징 (화살표)

D = Luscher/ *Deutsch 2000 - Grammatik der modernen deutschen Umgangssprache*

첫 인상:
목차에 명료함: 문제를 신속하게 찾을 수 있음

- 목차의 명료성:
  잘 구분되어 있고, 넉넉하게 자리 매김 되어 있고 번호, 굵은 글씨체, 모든 문제에 대해 틀을 만듬
- 언어:
  단순함
  규칙은 없고 예들만이 있다.
- 개요:
  명료하게 구분되어 쓰여 있어, 개괄적임

과제 39

가능한 예문들:

1. 과거시제에 어떠한 접속사가 필요한가: als 혹은 wenn
2. 다음과 같이 이야기 할 수 있는가: Immer wenn ich Kuchen aß, wurde ihm schlecht 케익을 먹을 때마다 그는 속이 좋지 않았다. 이것은 과거

사실이다!

3. 아래의 두 문장을 während로 연결시킬 수 있는가?

4. Der Mann liest die Zeitung. Seine Frau sieht fern. 등등

08

Quellenangaben

참고문헌

AUFDERSTRASSE, Hartmut u.a. (1983): Themen 1, Lehrwerk für Deutsch als Fremdsprache. München: Max-Hueber-Verlag. S.5-6.

AUFDERSTRASSE, Hartmutu.a. (1983): *Themen 1*. München: Max-Hueber-Verlag. S.96.

AUFDERSTRASSE, Hartmut u.a. (1983): *Themen 1*. München: Max-Hueber-Verlag. S.136.

BALTZER, Ralf u.a. (1989): *AIles Gute!*, ein deutscher Fernsehsprachkurs. München: Langenscheidt Verlag. S.46.

BRAUN, Korbinian u.a. (1967): *Deutsch aIs Fremdsprache I*, Gmndkurs.Stuttgart: Emst Klett Verlag. S.92-93.

BRAUN, Korbmian u.a. (1967): *Deutsch ats Fremdsprache I*, Grundkurs.Stuttgart: Emst Klett Verlag. S.94

DAHL, Johannes/WEIS, Bhgitte (1988): *Handbuch Grammatik im Unterricht.* München: Goethe-Institut. S.444.

DAHL, Johannes/WEIS, Brigitte (1988): *Handbuch Grammatik im Unterricht.* Miinchen: Goethe-Institut. VideomitschnittNr-17.

DAHL, Johannes/WEIS, Brigitte (1988): *Handbuch Grammatik im Unterricht.* München: Goethe-Institut. S.446-51(Auswahl).

DAHL, Johannes/WEIS, Bhgitte (1988): *Handbuch Grammatik im Unterricht.* München: Goethe-Institut. VideomitschnittNr.26

DAHL, Johannes/WEIS, Brigitte (1988): *Handbuch Grammatik im Unterricht.* München: Goethe-Institut. S.524.

DAHL, Johannes/WEIS, Brigitte (1988): *Handbuch Grammatik im Unterricht.* München: Goethe-Institut. S.524. Nr.41.

DROSDOWSKI, Günter (1984): *DUDEN, Band 4, Grammatik der deutschen Gegenwartssprache.* Mannheim: Duden-verlag. S.782, 380 und 678.

EICHHEIM, Hubert u.a, (1981): *Mir fällt auf...* München: Langenscheidt Verlag. Dia Nr.35 und 36.

FRANK, Christine/RINVOLUCRI, Maho (1983): Grammar inAction. München: Max-Hueber-Verlag. S.57.

GEO-Sondemummer *Kommunikation* Nr.2/89. S.215.

GRIESBACH, Heinz (1981): *Regetn aus der deutschen Grammatik.* München: Verlag für Deutsch. S.46.

GRIESBACH, Heinz (1986): *Neue deutsche Grammatik. Miinchen*: Langenscheidt Verlag. S.422 und 232.

GRIESBACH, Heinz/SCHULZ, Dora (1955): *Deutsche SpracHehre fiir Ausldnder. München*: Max-Hueber-Verlag. S.29.

GRIESBACH, Heinz/SCHULZ, Dora (1955.): *Deutsche Sprachlehre fiir Auslander. München*: Max-Hueber-Verlag.S.77/78.

GRIESBACH, Heinz/SCHULZ, Dora (1976): *Deutsche Sprachlehre fiir Ausländer*, Grundstufe, l.Teil. München:Max-Hueber-Verlag. S.9.

GRESBACH, Heinz/SCHULZ, Dora (1976): *Deutsche Sprachlehre fiir Auslander*, Gmndstufe, l.Teil. München:Max-Hueber-Verlag. S.149-150

GRIESBACH, Heinz/SCHULZ, Dora (1976): *Deutsche Sprachlehre fiir Ausldnder*,

Grundstufe, l.Teil. MünchenMax-Hueber-Verlag. S.145.

GRIESBACH, Heinz/SCHULZ, Dora (1976): *Deutsche Sprachtehre für Ausländer*, Grundstufe, l.Teil. MünchenMax-Hueber-Verlag. S.151-152.

GRIESBACH, Heinz/SCHULZ, Dora (1976): *Deutsche Sprachtehre für Ausländer*, Grundstufe, l.Teil. Miinchen:Max-Hueber-Verlag. S.9-11.

GRIESBACH, Heinz/SCHULZ, Dora (1976): *Deutsche Sprachlehre für Auslander*. Gmndstufe, l.Teil. München:Max-Hueber-Verlag. S.62-63.

HÄUSSERMANN, Ulrich u.a. (1978): *Sprachkurs Deutsch 1*. Frankfürt am Main: Verlag-Moritz-Diesterweg. S.V.

HÄUSSERMANN, Ulhch u.a. (1978): *Sprachkurs Deutsch 1*. Franld-urt am Main: Verlag-Montz-Diesterweg. S.V-VI.

HÄUSSERMANN, Ulrich u.a. (1989): *Sprachkurs Deutsch*, Neufassung, Teil 1. Frankfürt am Main: Verlag-Moritz-Diesterweg. S.248.

HELBIG, Gerhard/BUSCHA, Joachim (1972): *Deutsche Grammatik*. Ein Handbuch für den Ausländeruntemcht. Leipzig: Verlag Enzyklopadie. S.13.

HELBIG, Gerhard/BUSCHA, Joachim (1972): *Deutsche Grammatik*. Ein Handbuch für den Ausländeruntemcht. Leipzig: Verlag Enzyklopadie. S.626.

HELBIG, Gerhard/BUSCHA, Joachim (1972): *Deutsche Grammatik*. Ein Handbuch ftir den Ausländeruntemcht. Leipzig:Verlag Enzyklopädie. S.623.

HELDIG, Gerhard/BUSCHA, Joachim (1972): *Deutsche Grammatik*. Ein Handbuch fiir den Ausländeruntemcht. Leipzig:NaVerlag Enzyklopädie. S.619.

HELBIG, Gerhard/BUSCHA, Joachim (1972): *Deutsche Granunatik*. Ein Handbuch für den Ausländeruntemcht. Leipzıg:mVerlag Enzyklopädie. S.622.

JENKINS, Eva-Maria (1989): *Sprachbrucke 1, Wortschatz kontrastiv Deutsch-Engtisch*. Miinchen: Klett Edititon Deutsch.S.22.

KARS, Jürgen/HÄUSSERMANN, Ulrich (1988): *Grundgrammatik Deutsch*. Frankfürt am Main: Verlag-Moritz-30Diesterweg. S.193.

KARS, Jurgen/HÄUSSERMANN, Ulrich (1988): *Grund&rammatik Deutsch*. Frankfürt am Main: Verlag-Montz-JSDiesterweg. S.282 und 152.

KARS, Jiirgen/HÄUSSERMANN, Ulrich (1988): *Grundgrammatik Deutsch*. Frankfürt am Main: Verlag-Moritz-Diesterweg. S. 135.

KARS, Jiirgen/HÄUSSERMANN, Ulrich (1988): *Grunderammatik Deutsch*.

Frankfürt am Main: Verlag-Moritz--XDiesterweg. S.149.

KELLE, Antje (1981): *Bausteine und Spielregetrt unserer Sprache*. Grammatik fiir die 5./6. Klasse. Mentor Lemhilfe Band 15. München: Mentor Verlag. S.50-52. @ Ringelnatz, Joachim: Die Ameisen, Berlin: Henssel-Verlag.

KELLE, Antje (1981): *Bausteine und SpietregeIn unserer Sprache*. Grammatik fiir die 5./6. Klasse. Mentor Lemhilfe Band 15. Miinchen: Mentor Verlag. S.177.

KRUMM, Hans-Jurgen (1988): *Grammatik im kommunikativen Deutschunterricht*. in: DAHL, Johannes/WEIS,Brigitte (Hsg.) (1988): *Grammatik im Unterricht*. München: Goethe-Insdtut. S.22.

KRUMM, Hans-Jürgen (1988): *Grammatik im kommunikativen Deutschunterricht*. in: DAHL, Johannes/WEIS,Bngitte(Hsg.) (1988): *Grammatik im Unterricht*. München: Goethe-Institut. S.38.

LUSCHER, Renate (1975): Deutsch 2000, *Grammatik der modemen deutschen Umeangssprache*. München: Max-Hueber-Ver1ag.S.182und167.

MÜLLER, Peter u.a. (1982): *Sprechen und Sprache 1*. Florenz: Sansoni Editore. S.88.

NEUNER, Gerd u.a. (1979): *Deutsch aktiv*, Lehrbuch 1. München: Langenscheidt Verlag. S.89.

NEUNER, Gerd u.a. (1979): *Deutsch aktiv*, Lehrbuch 1. München: Langenscheidt Verlag. S.124.

NEUNER, Gerhard u.a. (1981): *Übungstypotogie wm kommunikativen Deutschunterricht*. München: Langenscheidt Verlag. S.ll.

NEUNER, Gerhard u.a. (1981): *Übungstypotogie zum kommunikativen Deutschunterricht*. Miinchen: Langenscheidt Verlag. S.12.

NEUNER, Gerd u.a. (1983): *Deutsch konkret*, Folien 1. München: Langenscheidt Verlag. Folie 25.

NEUNER, Gerd u.a. (1983): *Deutsch konkret*, Lehrbuch 1. München: Langenscheidt Verlag. S.82.

NEUNER, Gerd u.a. (1984): *Deutsch konkret*, Lehrbuch 2. München: Langenscheidt Verlag. S.10.

NEUNER, Gerd u.a. (1984): *Deutsch konkret*, Lehrbuch 2. München: Langenscheidt Verlag. S.13.

NEUNER, Gerd u.a. (1984): *Deutsch konkret*, Lehrbuch 2. München: Langenscheidt Verlag. S.14.

NEUNER, Gerd u.a. (1985): *Deutsch konkret*, Lehrbuch 3. München: Langenscheidt Verlag. S.27.

NEUNER, Gerd u.a. (1985): *Deutsch konkret*, Lehrbuch 3. München: Langenscheidt Verlag. S.79.

NEUNER, Gerd u.a. (1986): *Deutsch aktiv Neu*, Lehrbuch 1 A. München: Langenscheidt Verlag. S.3.

NEUNER, Gerd u.a. (1986): *Deutsch aktiv Neu*, ein Lehrwerk für Erwachsene, Lehrbuch 1 A. München: Langenscheidt Verlag. S.26.

NEUNER, Gerd u.a. (1987): *Deutsch aktiv Neu*, Lehrbuch 1B. München: Langenscheidt Verlag. S.36.

PEKSIRIN, Hilmi u.a. (1987): *Wir ternen Deutsch* 1.1stanbul: Milli Egitim Basimevi. S.54.

PEKSIRIN, Hilmi u.a. (1987): *Wir ternen Deutsch I.* Istanbul: Milli Egitim Basimevi. S.55.

PEKSIRIN, Hilmi u.a. (1970): *Wir lemen Deutsch I,* Lehrerhandbuch. Ankara: Milli Egitim Basimevi. S.74.

SCHAPERS, Roland u.a. (1972): *Deutsch 2000, Band 1.* München: Max-Hueber-Verlag. S.3.

SCHAPERS, Roland u.a. (1972): *Deutsch 2000, Band 1.* Miinchen: Max-Hueber-Verlag. S.150.

SCHERLING, Theo u.a. (1982): *Deutsch hier, München.* Langenscheidt Verlag. S.62 bzw.S.144.

SCHMIDT, Reiner (1990): *Das Konzept einer Lemergrammatik.* in: GROSS, Harro/PISCHER, Klaus (Hsg.) (1990): *Grammatikarbeit im Deutsch-ats-Fremdsprache- Unterricht.* München: ludicium-Verlag. S. 153-54.

09

Das Fernstudienprojekt DIFF - GhK - GI

원격교육프로젝트 DIFF - GhK - GI

여러분이 이 책을 공부한 후 여러분의 지식을 다른 영역에서도 심화시키고 구체적인 수업계획에 대해서 더 많이 알고자 할 수도 있을 것이다. 또한 독해능력에 관한 교육에 대해서 그리고 문학 및 문학 발날과 그 배경에 대해 더 알고자 할 수도 있을 것이다.

여러분은 벌써 다른 원격교육교재들에 대한 정보를 찾아내고 이에 대해 흥미를 가지게 되었을 수도 있다. 이것이 어떤 교육교재인지, 어디서 구입할 수 있는지, 이러한 교재들을 어떻게 이용할 수 있는지 등을 알고자 할 것이다. 이러한 질문에 대해 여러분들에게 몇 가지 정보를 주고자 한다:

이 책은 독어교육학/독어독문학의 원격교육프로젝트의 틀안에서 출판되었다. 이 프로젝트를 위해 튀빙엔대학의 원격교육을 위한 독일 연구소 (DIEF), 카셀종합대학 (GhK) 그리고 뮌헨의 괴테 인스티튜트가 함께 작업하였다.

이 프로젝트에서 전문지식 및 전문교수법 교육을 위한 원격교육자료들이 개발되었다.

아래 소개되는 책들은 준비단계 (계획상황 1994)에서 나온 것들이다.

독어독문학 영역

문학

* Emführung in die gennanistische Liteiaturwissenschaft (Helmut Schmiedt)
* Literaturgesctuchte I (Haitmut Kugler), n (Egon Menz), III (Hans-Otto Horch)
* Einfuhruns in die Analyse erzählender. lyrischer und dramatischer Texte (Helmut Schmiedt)

언어학

* Emführune in die germanistische Literaturwissenschaft (Hans-Otto Spillmann)
* Grammatik des demsdica Satacs (Wibdm Köller)
* Semannk (Rolf Müller)
* Historische Gtammtik (Günther Rohr)
* Textlinguistik (Helga Andresen)
* Pragmalinguistik (Werner Holly)

독일어교육학 영역

외국어로서의 독일어에 관한 교수 및 교수법

* Einfuhrung in das Hochschulfach Deutsch als Fremdsprache (Rolf Etmeit/ Gert Hennci /Reiner Sclnmdt/IClans Vorderwülbecke)
* Methoden des fremdsprachlichen Deutschunterrichts (Gerhard Neuner/Hans Hunfeld), erschienen 8/93
* Zweit- und Fremdsprachenerwerbstheorien (Ernst Apeltauer)
* Testen und Prüfen in der Grundstufe (Hans-Georg Albers/Sibylle Bolton)
* Lesen als Verstehen. Zum Verstehen fremdsprachlicher literarischer Texte und zu ihrer Didaktik (Swantje Ehlers), erschienen 2/92
* Angewandte Linguistik im fremdsprachlichen Deutschuntemcht. Eine Einführung(Britta Hufeisen/Gerhard Neuner)

지역학

* Routinen und Rituale in der Alltagskommunikation (Heinz-Helmut Lüger), erschienen 10/93
* Wortschatzarbeit und Bedeutungsvermittlung (Bemd Müller-Jacquier)
* Bilder in der Landeskunde (Dominique Macaire/Wolfram Hosch)
* Kontakte knüpfen (Rainer Wicke)
* Landeskunde und Literaturdidaktik (Monika Bischof/Viola Kesslmg/ Rüdiger Krechel)
* Landeskunde mit der Zeitung (Hans Sölch)

Weitere Titel sind in Planung.

외국어로서의 독일어를 위한 교수방법론과 교수법

기본 필독서들

* Fertigkeit Horen (Barbara Dahlhaus), erchienen 3/94
* Fertigkeit Lesen (Gerard Westhoff)
* Fertigkeit Sprechen (Gabriele Neuf-Munkel/Regine Roland)
* Fertigkeit Schreiben (Bernd Kast)
* Problem der Wortschatzarbeit (Rainer Bohn/Bernd Kast/Bernd Muller-Jacquier)
* Arbeit mit Lehrwerkslektionen (Peter Bimmel/Bernd Kast/Gerhard Neuner)
* Problem der Leistungsmessung (Sibylle Bolton)

재교육용 필독서들

Das Aufbaupaket umfaßt etwa 18 Titel. Fordem Sie bitte den Sonderprospekt an.

이 책들은 누구를 위한 것인가?

- Lehrende im Bereich Deutsch als Fremdsprache im Ausland und in Deutschland
- Germanist(en)innen an auslandischen Hochschulen
- Studierende im Bereich Germanistik und Deutsch als Fremdsprache
- Aus- und Fortbilder/innen im Bereich Deutsch als Fremdsprache.

이 책들은 어떠한 목적을 위해 사용할 것인가?

여러분이 독일어 교사, 대학교 교수, 연수자 혹은 독어교육학/ 독어독문학을 공부하는 학생이냐에 따라 여러분의 관심사가 다를 것이고 이러한 관심사에 따라 책들을 아래와 같은 목적을 위해 책을 읽을 것이다.

- 개인적으로 계속 공부하기 위하여
- 수업을 계획하고 진행하기 위하여

- 독일에서의 공부를 준비하기 위하여
- 독어교육학 공부를 준비하기 위하여
- 독일어 교육학 영역에서의 인증서를 취득하기 위하여

이 책을 어떤 방법으로 사용할 것인가?

- 자율학습을 할 경우에는 책을 공부하면서 문제를 풀고 해답을 맞춰본다.
- 많은 나라에서 재교육 및 연수를 위한 원격교육코스나 세미나에서 이 책 모두를 다루거나 그중에서 필요한 것만 뽑아서 다루기도 한다.
- 연수자로서 세미나의 주요한 놀이 수행을 위한 안내

【저자 소개】

마하엘 쾨니히(Michael Koenig)는 1949년도에 출생하여 카셀종합대학에서 영어학과 사회학/정치학을 전공하였고 동 대학의 독문학과(외국어 및 제 2 외국어로서의 독일어)에서 연구원으로 일하고 있다. 영국의 뉴케슬에서 강사역임. 카셀의 김나지움 사회 및 영어 과목담당 교직을 위한 교생실습. 교사연수와 카셀종합대학교의 DaF-학과에서 교수역임. 교재저자.

연구 분야: 언어수업에서의 창의적 연습의 구성. 고급언어수준학습자를 위한 언어수업

헤르만 풍크(Hermann Funk)는 1953년도에 태어났으며 카셀종합대학에서 독어독문학과에서 외국어 및 제 2 외국어로서의 독일어를 전공하였다. 카셀대학과 미국의 레이크 랜드에서 영어영문학과와 사회학/역사학을 공부하였다. 에쉬베게의 김나지움 사회 및 영어 과목담당 교직을 위한 교생실습. 직업학교에서 독일어와 정치학 교사로 역임. 프리드리히-에버트 재단으로부터 박사과정 장학생. 1987-1988동안 독일연방교육청의 전공 어 교육에 대한 연구프로젝트를 함. 카셀종합대학의 DaF-학과에서 교수역임. 교재저자.

연구 분야 및 저서활동: 전공언어 교육, 교재개발. DaF-수업에서 문법

【역자 약력】

권영숙

숙명여자대학교 독어독문학과졸업.
독일 하이델베르크대학의 제 2 외국어로서의 독일어, 언어학, 교육학 석사.
독일 하이델베르크대학의 언어학 박사
현재 장로회신학대학교 교수 및 독일문화원 강사

연구 분야: 제 2 언어습득, 인지언어학, 교수방법론 및 웹기반 외국어 학습